冯谖客孟尝君　白雨涵　作

郑伯克段于鄢　白雨涵　作
（黄春老师学生　2017届）

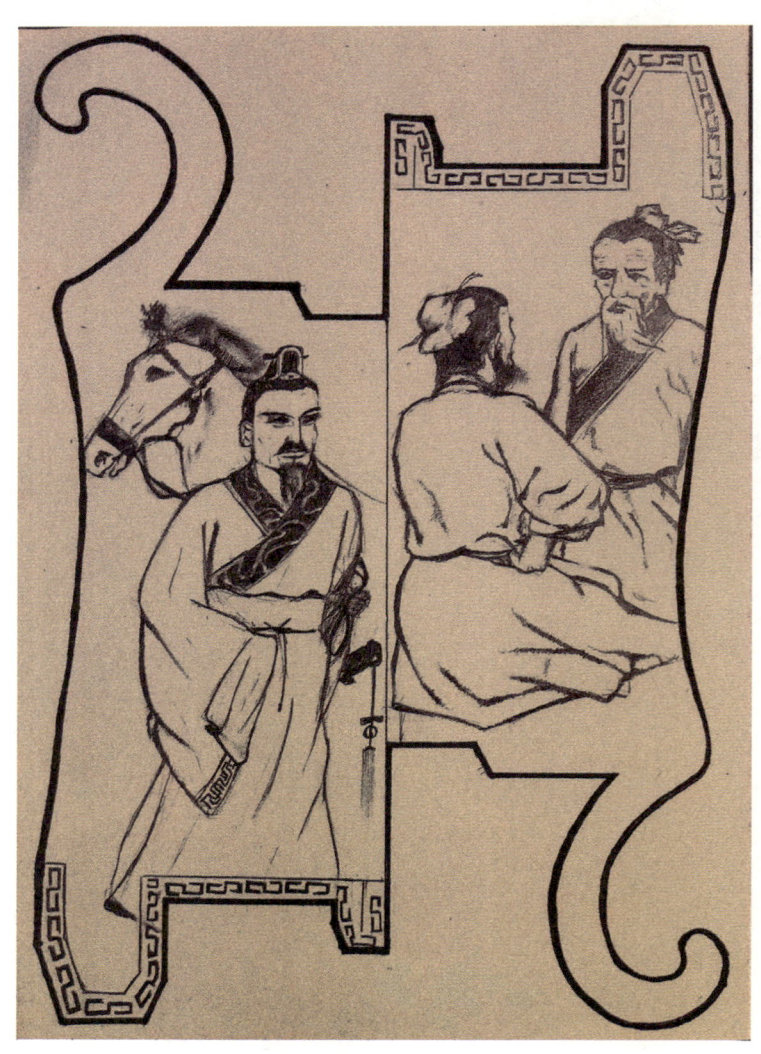

信陵君窃符救赵　隗胜楠（黄春老师学生　2017 届）　作

滕王阁序　迟颖（黄春老师学生　2003届）　作

齐桓晋文之事　陆羽佳（黄春老师学生　2017届）　作

米洛斯的维纳斯　迟颖（黄春老师学生　2003届）　作

变形记　迟颖（黄春老师学生　2003届）作

我的叔叔于勒　迟颖（黄春老师学生　2003届）作

故乡人　迟颖（黄春老师学生　2003届）作

北京四中语文课

千古文章

黄春 著

中国青年出版社
CHINA YOUTH PRESS

图书在版编目（CIP）数据

北京四中语文课. 千古文章 / 黄春著.
—北京：中国青年出版社，2020.8
ISBN 978-7-5153-6097-3

Ⅰ.①北… Ⅱ.①黄… Ⅲ.①中学语文课—高中—教学参考资料 Ⅳ.①G634.303

中国版本图书馆CIP数据核字（2020）第118932号

北京四中语文课 . 千古文章

作　　者：黄　春
策划编辑：刘　吉
责任编辑：胡莉萍
文字编辑：方荟文
美术编辑：杜雨萃
出　　版：中国青年出版社
发　　行：北京中青文文化传媒有限公司
电　　话：010-65518035/65516873
公司网址：www.cyb.com.cn
购书网址：zqwts.tmall.com
印　　刷：河北华商印刷有限公司
版　　次：2020年8月第1版
印　　次：2020年8月第1次印刷
开　　本：787×1092　1/16
字　　数：196千字
印　　张：17
书　　号：ISBN 978-7-5153-6097-3
定　　价：59.00元

目录

第一篇　　风流人物

多行不义必自毙——读《左传·郑伯克段于鄢》/ 007

谁言三窟，报得仁心——读《战国策·冯谖客孟尝君》/ 022

三千越甲竟吞吴——读《国语·勾践灭吴》/ 046

鸿门遗梦英雄在——读《史记·鸿门宴》/ 075

仁而下士，名冠诸侯——读《史记·信陵君窃符救赵》/ 101

第二篇　　无法完美

才情齐飞，人文一色——读《滕王阁序》/ 129

爱，自由，美——读《再别康桥》/ 154

美学"空手"道——读《米洛斯的维纳斯》/ 164

第三篇　说到底

王之为王——读《齐桓晋文之事》/ 179

"说"来话长——

读《关于希特勒入侵苏联的广播演说》/ 203

第四篇　都是生活

悲喜一阁，亭亭如斯——读《项脊轩志》/ 215

背朝未来——读《变形记》/ 232

"小人物"的"小日子"——读《我的叔叔于勒》/ 248

满架秋风——读《故乡人》/ 252

后记　文章千古事

第一篇

风流人物

多行不义必自毙
——读《左传·郑伯克段于鄢》

著名史书《左传》开篇就是《郑伯克段于鄢》，一个讲述"多行不义必自毙"的故事。你如果看过《古文观止》，你应该还记得，翻开本书的第一篇也是这篇选自《左传》的《郑伯克段于鄢》。在这本专门收录让后人叹为观止的古代散文的书中，《郑伯克段于鄢》名列第一，当然只是因为该故事发生的时间最早而已，但是，也不可否认，《左传》的作者在记录"郑伯克段于鄢"这个历史故事的时候，是表现出了相当的文学意义的。

"郑伯克段于鄢"堪称《春秋》中首年（即鲁隐公元年）记录的诸侯列国之中的头号大事。据历史记载，在鲁隐公元年，好像唯一一件和战争有关的事情就是"郑伯克段于鄢"了。

"郑伯"，即"郑庄公"（郑武公长子），据说是春秋时期郑国历史上最有作为的一位国君，同时也是春秋早年中原地区最具影响力的诸侯之一，有后代史家称之为"郑庄小霸"。

"段"，春秋时期郑国人（今河南新郑人），姬姓，名段，即"姬段"；后因奔共（共地，今河南辉县），故称"共叔段"；郑武公次子，郑庄公的弟弟。

如此看来，"郑伯克段于鄢"就应该是一段王室兄弟阋墙的常规宫斗故事了。

其实，自古以来，王室家族内部的权力争斗，始终就未曾停止过。"郑伯克段"，也并非首例。在此之前，周公诛武庚，杀管叔，放蔡叔，平定"三监之乱"，就是一场王室家族内部的权力争斗。在此之后，为夺皇权，叔伯相争，父子相斗，兄弟残杀，乃至后宫女子也不相让……从男人们的刀光血影，一直演到今天电视屏幕上的《金枝欲孽》《美人心计》《甄嬛传》《延禧攻略》《如懿传》，此类事件就更是屡见不鲜，见怪不怪了。然而，为何"郑伯克段于鄢"一事，却让后来的史学家们品头论足、津津乐道呢？

我想，其关键在于这场争斗不仅存在于兄弟之间，其间还夹杂着一位重要的人物：兄弟俩的母亲"武姜"，郑武公之妻，庄公、段之生母。

我们先来读一读《史记·郑世家》中对于"郑伯克段于鄢"这一历史事件的记载：

武公十年，娶申侯女为夫人，曰武姜。生太子寤生，生之难，及生，夫人弗爱。后生少子叔段，段生易，夫人爱之。二十七年，武公疾。夫人请公，欲立段为太子，公弗听。是岁，武公卒，寤生立，是为庄公。

庄公元年，封弟段于京，号太叔。祭仲曰："京大于国，非所以封庶也。"庄公曰："武姜欲之，我弗敢夺也。"段至京，缮治甲兵，与其母武姜谋袭郑。二十二年，段果袭郑，武姜为内应。庄公发兵伐段，段走。伐京，京人畔段，段出走鄢。鄢溃，段出奔共。于是庄公迁其母武姜于城颍，誓言曰："不至黄泉，毋相见也。"

居岁余，已悔思母。颍谷之考叔有献于公，公赐食。考叔曰："臣有母，请君食赐臣母。"庄公曰："我甚思母，恶负盟，奈何？"考叔曰："穿地至黄泉，则相见矣。"于是隧从之，见母。

《史记》中的记载，大概是以《左传》为原型的，且比《左传》来得简单得多。

实际上，"郑伯克段于鄢"的故事，最早记录于《春秋》：

夏五月，郑伯克段于鄢。

作为经书，《春秋》对历史的记载，简约到了近乎吝啬的地步。区区九个字，就将这个重大历史事件的时间、地点、人物、事件等交代完毕了。

正因如此，后世学者才会对《春秋》进行增益和解释。最为著名的当属《春秋公羊传》《春秋谷梁传》和《春秋左氏传》（即《左传》）。

"春秋三传"中都各自记载了"郑伯克段于鄢"的故事，但又各不相同。

我们先看《春秋公羊传》中的记载：

夏五月，郑伯克段于鄢。克之者何？杀之也。杀之则曷为谓之克？大郑伯之恶也。曷为大郑伯之恶？母欲立之，己杀之，如勿与而已矣。段者何？郑伯之弟也。何以不称弟？当国也。其地何？当国也。齐人杀无知，何以不地？在内也。在内，虽当国，不地也。不当国，虽在外，亦不地也。

《公羊传》是专门解释《春秋》的一部典籍，对史实的记录与描述也是简略得很。"……何？……也"句式，显示了《公羊传》自问自答的解经方式，重在阐释《春秋》之"微言大义"。关于《春秋》所记载的"郑伯克段于鄢"一事，《公羊传》也进行了阐释：

"克"是什么意思？是"杀"的意思。杀为什么说成是克？是强调郑庄公的恶。为什么强调郑庄公的恶？母亲是想要立段，自己却把段杀了（害他自杀了），还不如当初不给他地盘。段是什么人呢？他是郑庄公的弟弟。为什么不称"弟弟"？是因为他与国为敌。写明地点是为什么？是因为与国为敌。当年齐人杀公孙无知，为什么不写明地点？那是因为发生在国都之内。发生在国都之内，虽然与国为敌，也不写明地点。不与国为敌，虽然在国都之外，也不写明地点。

我们再看《春秋谷梁传》中的记载：

夏五月，郑伯克段于鄢。克者何？能也。何能也？能杀也。何以不言杀？见段之有徒众也。段，郑伯弟也。何以知其为弟也？杀世子、母弟目君，以其目君知其为弟也。段，弟也，而弗谓弟；公子也，而弗谓公子。贬之也。段失子弟之道矣，贱段而甚郑伯也。何甚乎郑伯？甚郑伯之处心积虑成于杀也。于鄢，远也，犹曰取之其母之怀之云尔，甚之也。然则为郑伯者，宜奈何？缓追，逸贼，亲亲之道也。

《谷梁传》系为《春秋》作注而著，与《公羊传》不同，它惯用语录体和对话体的方式来注解《春秋》，其重心是在阐释与传播儒家思想。关于《春秋》所记载的"郑伯克段于鄢"一事，《谷梁传》也进行了阐释：

"克"是什么意思？就是"能够"的意思。能够做什么呢？能够杀人。为什么不直接说杀呢？因为要表示出追随共叔段的人很多。共叔段是郑伯的弟弟，怎么知道他是弟弟的呢？因为假如国君杀了嫡亲的长子，或者同母所生的弟弟，便用国君的爵号称呼他，现在文中既然已经称呼郑伯，那么也就知道共叔段是郑伯的弟弟了。共叔段既然是国君的弟弟，却不称他为弟弟；共叔段应当是公子，也不称他为公子，这是对他的贬斥，因为共叔段已经丧失了一个公子和弟弟所应有的道德行为。所以《春秋》鄙视共叔段的程度超过了对郑伯的批评。在什么地方超过了对郑伯的批评？因为经文并未对郑伯想尽一切方式想要杀掉弟弟的意愿提出批评。但经文说在鄢这个地方打败段的，表明共叔段已经跑到远离郑国都城的地方了，就好比说是从母亲的怀中夺过婴儿杀掉，这又是郑伯做得过分的地方。既然这样，那么对郑伯来说最好的方法是什么呢？就是不要急着追杀已经逃远了的乱臣，而应该遵循兄弟之间相亲相敬的道德。

《公羊传》和《谷梁传》都仅仅只是对《春秋》的文本本身进行了相关的阐释，而同样是为解释《春秋》而作的《左传》，其实质上却可以视作一部独立撰写的史书。它以《春秋》为本，通过记述春秋时期的具体史实来说明《春秋》的纲目。因此，关于《春秋》所记载的"郑伯克段于鄢"一事，《左传》进行了详细的描述。

"郑伯克段于鄢"这个标题当然是后来的编者另加的，我们暂且不管这个标题有没有别的深意，它起码告诉了我们，本文记叙的是一个故事，一个关于"郑庄公"在"鄢"这个地方打败了他的弟弟"共叔段"的故事。历史上皇室之内兄弟相争的故事是屡见不鲜的，那我们就来看一看，《左传》中关于"郑伯克段"的故事有什么新鲜之处。

先介绍一下有关人物：

郑武公，姓姬，名掘突，郑国第二代国君。

武姜，武公正妻姜氏。"武"是她丈夫的谥号，"姜"是她家的姓。

庄公，郑武公长子，郑国第三代国君，公元前743–前701年在位。

共叔段，庄公同母弟。段是名，叔是排行，共是国名。叔段与庄公争夺王位失败，出奔共国，所以称"共叔段"。

注意："武姜""庄公"和"共叔段"都是他们死后才有的名称。这是史学家用后来的名称追称历史人物。

且看正文：

初，郑武公娶于申，曰武姜。生庄公及共叔段。庄公寤生，惊姜氏，故名曰寤生，遂恶之。爱共叔段，欲立之。亟请于武公。公弗许。

先有必要解释一个词语："寤生"。

西晋学者杜预曾注："寐寤而庄公已生，故惊而恶之。"说的是姜氏在梦境中生下庄公，受到了惊吓。而当代学者杨伯峻认为："杜注以为寤寐而生，误。寤字当属庄公言，乃'牾'之借字，'寤生'犹言'逆生'，现代谓之足先出。"我们以为，杨伯峻的说法更为准确，"寤生"，就是倒着出生，即胎儿出生时脚先出来，这是难产。寤：同"牾"，"逆"之意。司马迁在《史记》中也认为，寤生，即"生之难"。

不管怎样，庄公来世的两种方式，都是"非常方式"。难产，必定带给母亲更大的痛苦。于是，母亲对难产的孩子，有着天然的特殊情感：或是格外的疼爱，或是莫名的憎恶。不幸的是，武姜对寤生，选择了后者。

看来，事情的起因似乎是由于母亲"姜氏"作祟而引发的兄弟矛盾。

庄公"寤生"，固然不是庄公的过错，而作为母亲的姜氏却因任性率意而对兄弟俩产生了好恶之分，甚至还偏心到不顾宗法制度，产生了

"废长立幼"的非分之想。虽然理智果敢的武公没有答应姜氏的要求，但是，故事的开端就已经将"庄公"置于"母子"和"兄弟"的矛盾当中了，从此埋下了兄弟相残的祸根。

及庄公即位，为之请制。公曰："制，岩邑也，虢叔死焉。佗邑唯命。"请京，使居之，谓之京城大叔。

等到庄公顺理成章地继承了王位后，姜氏并没有放弃她的念头，一步一步地着手开始她的盘算。她的第一步就是要给小儿子"共叔段"争取到发动政变的根据地。险要的"制"地，自然是她的首选。

有必要说说这个"虢叔"和"制"地：

虢国，西周初期的重要诸侯封国。周武王灭商后，周文王的两个弟弟分别被封为虢国国君，一个是位于雍地的西虢，一个是位于制地的东虢，起着周王室东西两面屏障的作用。承担着如此重要作用的"制"地，俗名"虎牢"，其易守难攻之险要，显而易见。姜氏请封制邑，显然别有居心。

庄公自然不会答应，以"虢叔"当年在此遇难不吉祥为由，拒绝了姜氏的请求，而许诺"佗（tuō，他）邑唯命"。庄公的拒绝，是真心出于"不祥"的善意，还是看出了姜氏的谋反之心后的假意托词？作者不动声色的叙述，留给了读者一个悬疑。

于是，无奈之下，姜氏领走了庄公许给她的第二志愿：共叔段得到了"京"地，并被尊称为"太叔"（注意，这里的"京"并不是"国都"，而只是一个地名而已。当然，因为是姜氏提出的要求，所以我们可以判断，"京"地也应该是当时郑国的一个相当重要的城邑）。

祭仲曰："都城过百雉，国之害也。先王之制，大都不过叁国之一，中五之一，小九之一。今京不度，非制也，君将不堪。"

何谓"雉"？古代计算城墙面积的单位。长三丈、高一丈为一雉；也指"城墙"。百雉之城，大约千米见方。先秦时期的国都规模，长宽一般在三千米左右；地方城邑，一般为数百米至千米见方。先秦时期，君王对各级都城的大小，有着严格的规定，不可越矩。

文章虽然没有从正面描写共叔段的所作所为，但是，我们从祭仲的话中已经可以感受到在姜氏的怂恿和支持下，共叔段篡位的野心，毕竟他所在的京地是违制了的，是越度了的。

公曰："姜氏欲之，焉辟害？"对曰："姜氏何厌之有？不如早为之所，无使滋蔓，蔓难图也。蔓草犹不可除，况君之宠弟乎？"公曰："多行不义必自毙，子姑待之。"

然而，在祭仲的提醒下，庄公似乎对弟弟的举动无动于衷，不以为意，并且表现出无可奈何的样子，只是感叹了一句"多行不义必自毙"。最后一句"子姑待之"，究竟是无奈的愤叹，还是成竹在胸？庄公这个人物的丰富性和复杂性已经得以展现了。当共叔段肆意扩大封地规模的时候，庄公可怜地说："姜氏欲之，焉辟害？"回过来我们看庄公先前的举动。在姜氏请制的时候，庄公却是找借口拒绝过、反抗过并反抗成功过的，为何到这时候就"束手无策"了呢？他是这样"唯母是从"的君王吗？显然，前后是矛盾的，这种矛盾，正是后人评说庄公时的把柄所在。

既而大叔命西鄙北鄙贰于己。公子吕曰："国不堪贰，君将若之何？欲与大叔，臣请事之；若弗与，则请除之。无生民心。"公曰："无庸，将自及。"大叔又收贰以为己邑，至于廪延。子封曰："可矣，厚将得众。"公曰："不义不暱，厚将崩。"

解释几个词句：

"既而大叔命西鄙北鄙贰于己"——

"鄙"。"邦之所居曰国，都之所居曰鄙。"按《周礼》，五家为邻，五邻为里，四里为酂，五酂为鄙，五鄙为县，五县为遂。"鄙"者，五百家，于王畿之边。"贰"，背离，怀有二心。又如：《烛之武退秦师》："晋侯、秦伯围郑，以其无理于晋，且贰于楚也。"其后"国不堪贰"一句中，"贰"字同义。不过，"大叔又收贰以为己邑"一句中的"贰"，就只是一个数词了。这句意思是：之后太叔又命令西鄙北鄙既归属庄公又听命自己。

"无庸，将自及"——

"庸"，即"用"。"自及"，自己到（那一地步）。此句意为：用不着那样做，他自己会招来祸害的。

"厚将得众"——

"厚"，多。"得众"，得到民心。原句意思是，子封说："可以了（该想办法管管他了），他的地盘日益扩大，将会得到民心的。"

在庄公的退让下，共叔段肆意地收买人心，扩张势力，培植威望，为谋反做准备。庄公手下大臣子封两次提醒庄公，并直言不讳地指出庄公一味迁就即将面临的后果，建议庄公采取措施，及时制止叔段的嚣张气势。然而，庄公在共叔段的谋反行为尚未成事实的时候，依然采取了退让策略，说"无庸，将自及""不义不暱，厚将崩"。

大叔完聚，缮甲兵，具卒乘，将袭郑。夫人将启之。公闻其期，曰："可矣！"命子封帅车二百乘以伐京。京叛大叔段，段入于鄢，公伐诸鄢。五月辛丑，大叔出奔共。

直到共叔段秣马厉兵，将谋反念头付诸行动的时候，在庄公得知姜氏与弟弟共叔段打算里应外合的时候，在庄公打听到共叔段举事的具体时间的时候，庄公于是果断地命令："可矣。"于是立即派遣军队，一举将共叔段驱逐出境。对共叔段的反击讨伐，庄公似乎毫无准备，又似乎早有准备，这一战，干净利索。

当初子封说"可矣"（意思是"行了，该管管他了"）的时候，郑庄公却说"别管他，随他去吧"。而今庄公自己终究还是说了"可矣"，意思却是"出兵，干掉他"。当叔段为所欲为但并未对庄公的政权构成实质性威胁的时候，庄公对其弟所为一容再容，一忍再忍；也可谓是一纵再纵。而一旦自己的政权受到了实际挑战，庄公便毫不手软，果断出手，将问题解决得干干净净。有人说庄公是"忍无可忍无须再忍"，也有人说庄公是"姑息养奸，以便铲除对手时师出有名"。

书曰："郑伯克段于鄢。"段不弟，故不言弟；如二君，故曰克；称郑伯，讥失教也；谓之郑志；不言出奔，难之也。

此段比较难懂，有必要简单翻译一下：

《春秋》记载："郑伯克段于鄢。"段不守为弟本分，所以不称其为弟；如同两个君主之间的争斗，所以叫做"克"；对庄公称呼"郑伯"，是讥讽他有失为兄教弟之道，这就是说郑伯之本意就是要故意纵弟为恶而杀之；不说叔段逃亡，便有责难庄公的意思。

称"郑庄公""共叔段"为"郑伯""段"，不用兄弟之称，意在表明他们已无手足之情。言"克"，则已然把他们当作两个尔虞我诈、相互攻伐的君主来看待了。《春秋》里对这件事情的记载只有一句话："夏五月，郑伯克段于鄢。"

这是典型的"春秋笔法"，文辞简约，一字见褒贬。而《左传》却将这句话演绎为一段曲折的历史故事。从这里，我们可以窥见《左传》在记事上与《春秋》的差别。《左传》的叙事手法，已经带有了后来小说叙事的某些色彩。如果说，中国小说的起源和发展深受史传文学的影响的话，那么可以这么说，中国小说受到的最早的影响或许就是来自《左传》。

当然，故事并没有就此结束，共叔段的出奔，也并没有完全结束这场纷繁芜杂的矛盾斗争，当然还有对姜氏的处置。

遂寘（zhì，通"置"）姜氏于城颍，而誓之曰："不及黄泉，无相见也。"既而悔之。

铲除叔段的反叛力量的同时，庄公也将合谋造反的母亲姜氏拘禁在颍地，并发出誓言："不及黄泉，无相见也。"

庄公对母亲姜氏的处置似乎是合情合理的，谋反，终究是个大罪，要不是念及了母子之情，那肯定是要杀头的。不过，他又"既而悔之"。悔的原因是什么？是觉得对母亲的处置太过分了自己于心不忍？还是自己念起了母子情义觉得内心愧疚？这些都无可考证。总之是后悔了。

幸而出现了一个"颍考叔"，那个在《三字经》里被传诵着的"至纯孝"的颍考叔。

颍考叔为颍谷封人，闻之，有献于公，公赐之食，食舍肉。公问之，对曰："小人有母，皆尝小人之食矣，未尝君之羹，请以遗之。"公曰："尔有母遗，繄我独无！"颍考叔曰："敢问何谓也？"公语之故，且告之悔。对曰："君何患焉？若阙地及泉，隧而相见，其谁曰不然？"

汉语语义就是这样丰富而有趣。颍考叔也的确是个聪明的人。"黄泉"，可以解释为引申义"墓穴"或"阴间"，当然更可以解释为它的本义"地下的泉水"。这样一来，君王的金口不改，事情照样得到了十分合理的扭转。

公从之。公入而赋："大隧之中，其乐也融融！"姜出而赋："大隧之外，其乐也泄泄。"遂为母子如初。

巧妙的是：本文起笔于一个"初"字，收束于一个"初"字。开篇"（初……姜氏）遂恶之"，结尾"遂为母子如初"。只是我们并不能知道，当母子两人在大隧之内外"其乐融融""其乐泄泄"地赋诗言乐的时候，"母子如初"究竟如的是哪般之"初"。似乎庄公一出生，姜氏就很是厌恶他这个儿子的，其后自然就更是母子不和了。那这个"如初"，就应该依旧是"母厌子""子恨母"的吧，或许也未必？

《古文观止》的编者对此"爱"有一段很精彩的评价："亲之偏爱，足以召祸。子之真爱，可以回天。"总结了姜氏偏爱小儿子共叔段造成祸患的教训，以及颍考叔对自己母亲的纯孝"真爱"，推及郑庄公，帮助郑庄公克服了毒誓障碍，重建了母子间美好的天伦感情。

君子曰："颍考叔，纯孝也，爱其母，施及庄公。《诗》曰：'孝子不匮（kuì），永锡（通赐）尔类。'其是之谓乎？"

君子说："颍考叔，是纯真的孝子啊。非常敬爱他的母亲，又能将这孝道推广到庄公的身上。《诗经》中说：'孝子的德行无穷无尽，永远能赐予你的同类以崇高的孝道。'这大概就是指颍考叔那样至纯的孝道而言的吧。"

《左传》的作者，假托"君子"的名义发表议论和评说，从所议论的内容看来，《左传》对"颍考叔"和"庄公"的行为都是赞赏的，对他们的孝道都是肯定的。当然，作为后人，我们宁可相信这一切都是事实，都是真心。

我们不妨再来看看《春秋谷梁传》中对于这段历史的记载：

夏五月，郑伯克段于鄢。克者何？能也。何能也？能杀也。何以不言杀？见段之有徒众也。段，郑伯弟也。何以知其为弟也？杀世子、母弟目君，以其目君知其为弟也。段，弟也，而弗谓弟；公子也，而弗谓公子。贬之也。段失子弟之道矣，贱段而甚郑伯也。何甚乎郑伯？甚郑伯之处心积虑成于杀也。于鄢，远也。犹曰取之其母之怀之云尔，甚之也。然则为郑伯者，宜奈何？缓追，逸贼，亲亲之道也。

《谷梁传》似乎不爱叙事，而重议论。在《谷梁传》作者的笔下，母者不母，兄者不兄，弟者不弟；君者不君，臣者不臣。而实际上，《谷梁传》所提出的"缓追逸贼"的建议，就一定能成全"亲亲之道"吗？历史不仅不能假设，即便假设又如何？只要有利益存在，这类争斗就永远不可能停止。这种大利大益面前，父子又如何？夫妻又如何？更何况是兄弟啊。

历来以皇室争斗、国际纷争为题材的文学作品，都难免会带上作者自身的态度倾向和情感倾向。比如，《三国演义》就有明显的拥刘反曹的基调。然而，阅读《郑伯克段于鄢》一文，我们却很难揣摩作者的态度，致使"郑庄公"成了历史上众说纷纭的人物形象。有人说他阴险狡诈狠毒无情，也有人说他老谋深算情真意切。完全相左的观点，在"郑庄公"的身上却都体现得有理有据，将历史进退、君王功过、人情善恶，留与后人评说，实在是《左传》笔法高明的一大见证。

对于庄公这个在春秋时期举足轻重的人物，在我们后人看来，究竟是"险恶、狠毒、虚伪"，抑或是"智谋、仁慈、纯孝"，似乎并不太重要。我们只要看到，是他让郑国避开混乱走向稳定，是他让郑国从弱小变为强大的事实，由此可以看出，他遇事能忍、出手能狠、善后能稳，政治手段之高明，是毋庸置疑的。

明末小说家冯梦龙在他的《东周列国志》中，以小说的方式，也讲述了"郑伯克段于鄢"的故事，并以诗做结：

（一）

宠弟多才占大封，况兼内应在宫中。

谁知公论难容逆，生在京城死在共。

（二）

子弟全凭教育功，养成稔恶陷凶。

一从京邑分封日，太叔先操掌握中。

（三）

黄泉誓母绝伦伦，大隧犹疑隔世人。

考叔不行怀肉计，庄公安肯认天亲。

历史，自是要留与后人评说的。你站在不同的立场和不同的角度，就会得出不同的历史启示。甚至你此刻的心情不同于之前的心情，那么，从历史中读到的东西也常常会大不一样。

读"郑伯克段于鄢"这段历史，你怎么评价庄公？你怎么评价武姜？你怎么评价叔段？乃至于你怎么评价颍考叔？这些问题，不仅是仁者见仁，智者见智，就是我们每个人自己心中的看法，也或许是矛盾的，是嬗变的，是不确定的。

北京四中教师话剧团，曾经将这个故事改编成了同名话剧《郑伯克段于鄢》，并在北京及台湾等地公演多场。作为剧组的一员，我亲身经历了该剧从策划、编剧、排练到演出的全部过程。每一次演出，都会有人问我：该剧的主题是什么？现在回忆起来，似乎每次的回答也都不大相同。

是啊，你可以从中看到宫廷权力纷争，你可以看到政治斗争中的阳谋阴谋，你可以看到多行不义必自毙，你可以看到母子之间的孝悌伦理，你甚至可以看到，家庭教育是多么的重要……

我想，都不全是，但也都可以是。而这，就是历史。

谁言三窟 报得仁心
——读《战国策·冯谖客孟尝君》

先说说孟尝君其人——

> 孟尝君名文，姓田氏。文之父曰靖郭君田婴。田婴者，齐威王少子而齐宣王庶弟也……田婴相齐十一年，宣王卒，湣王即位。即位三年，而封田婴於薛。
>
> ——《史记·孟尝君列传》

孟尝君，妫姓，田氏，名文，战国时期齐国宗室大臣。其父靖郭君田婴是齐威王的小儿子、齐宣王的异母弟弟，曾于齐威王时担任军队要职，于齐宣王时担任宰相，封于薛地。田婴死后，田文继位于薛，是为孟尝君，以广招宾客，食客三千闻名，誉为"战国四公子"之一。

初，文以五月五日生。婴告其母曰："勿举也。"其母窃举生之。及长，其母因兄弟而见其子文於田婴。田婴怒其母曰："吾令若去此子，而敢生之，何也？"

本段中第一个"举"字谓"初诞"，后一个"举"字谓"长养"。

风俗通云："俗说五月五日生子，男害父，女害母"。

文顿首，因曰："君所以不举五月子者，何故？"婴曰："五月子者，长与户齐，将不利其父母。"文曰："人生受命于天乎？将受命于户邪？"婴默然。文曰："必受命于天，君何忧焉。必受命于户，则可高其户耳，谁能至者！"婴曰："子休矣。"

——《史记·孟尝君列传》

孟子说："天将降大任于斯人也，必先苦其心志，劳其筋骨，饿其体肤，空乏其身，行拂乱其所为，所以动心忍性，曾益其所不能。"

大凡英雄伟人，确乎都要经历一番人生坎坷，方能出类拔萃。幼年、童年、少年，乃至青年时期的孟尝君，是由他母亲偷偷地抚养成人的，这种"窃举生之"的岁月，想必一定是艰难坎坷的。别说见不到父亲，肯定也见不得外人，甚至都见不得光天化日。然而，所谓"曾益其所不能"，如此环境下成长起来的孟尝君，却有着恭谨的待人礼节，有着善辩的思维，有着出色的表达能力。面对父亲的诘难，面对世俗迷信的信条，孟尝君对答得有理有节。最后，那位当年要弃他不顾的父亲，不仅接纳了这个"不祥的儿子"，而且，还立他为世子，使得孟尝君后来得以继承父亲的爵位封地。

后人记忆中的孟尝君，是一位"礼贤下士"的君子，"宾客三千"，就是孟尝君留给我们的最清晰的形象。《史记》中这样记载孟尝君的礼贤下士：

孟尝君在薛，招致诸侯宾客及亡人有罪者，皆归孟尝君。

　　孟尝君不仅广纳人才，而且还不避门类。无论是正规学院派的读书人士，还是流落稗野甚至是戴罪逃亡的奇才怪人，他都统统接纳。倘若要举出几个例子来，那么，最著名的当数那个和孟尝君相关的"鸡鸣狗盗"的故事了：

　　齐湣王二十五年，复卒使孟尝君入秦，昭王即以孟尝君为秦相。人或说秦昭王曰："孟尝君贤，而又齐族也，今相秦，必先齐而後秦，秦其危矣。"於是秦昭王乃止。囚孟尝君，谋欲杀之。孟尝君使人抵昭王幸姬求解。幸姬曰："妾原得君狐白裘。"此时孟尝君有一狐白裘，直千金，天下无双，入秦献之昭王，更无他裘。孟尝君患之，遍问客，莫能对。

　　最下坐有能为狗盗者，曰："臣能得狐白裘。"乃夜为狗，以入秦宫臧中，取所献狐白裘至，以献秦王幸姬。幸姬为言昭王，昭王释孟尝君。孟尝君得出，即驰去，更封传，变名姓以出关。夜半至函谷关。

　　秦昭王后悔出孟尝君，求之已去，即使人驰传逐之。孟尝君至关，关法鸡鸣而出客，孟尝君恐追至，客之居下坐者有能为鸡鸣，而鸡齐鸣，遂发传出。出如食顷，秦追果至关，已後孟尝君出，乃还。

——《史记·孟尝君列传》

　　据说当初孟尝君将这两个人列于宾客之位的时候，满堂宾客们都感觉是被羞辱了。而在两人帮助孟尝君脱难之后，众人都心服口服。

　　孟尝君不仅"唯才是举"，更能"礼贤下士"。

　　孟尝君舍业厚遇之，以故倾天下之士。食客数千人，无贵贱一与文等。

　　世上能够"广纳人才"的人，其实并不在少数。大凡企图有一番作为的人，都需要网罗人才，为我所用。比如：

　　　对酒当歌，人生几何？譬如朝露，去日苦多。
　　　慨当以慷，忧思难忘。何以解忧？唯有杜康。
　　　青青子衿，悠悠我心。但为君故，沉吟至今。
　　　呦呦鹿鸣，食野之苹。我有嘉宾，鼓瑟吹笙。
　　　明明如月，何时可掇？忧从中来，不可断绝。
　　　越陌度阡，枉用相存。契阔谈䜩，心念旧恩。
　　　月明星稀，乌鹊南飞。绕树三匝，何枝可依？
　　　山不厌高，海不厌深。周公吐哺，天下归心。

　　　　　　　　　　　　　　　　　　——曹操《短歌行》

　　怀着一统天下的雄心壮志的曹操，为人才难得而忧心忡忡辗转难眠。为了表达自己求贤若渴的急切心情，还在诗歌中以"周公吐哺"自比。《史记》载周公自谓："一沐三握发，一饭三吐哺，犹恐失天下之贤。"并且，曹操以自己"赤足迎许攸"的实际行动，证明了自己招聘人才的诚心诚意。当然，至于最后是否创造了"天下归心"的效果，那就另当别论了。

　　还有我们熟悉的刘备"三顾茅庐"赢得孔明，成就了三分天下的功业。还有当年燕昭王筑黄金台，尊郭槐为师，使得后来"士争凑燕"，终于破齐复国，报了国家大仇。

这些都是渴求人才的佳话。除却那些"兔死狗烹，鸟尽弓藏""过河拆桥"的政治阴谋家之外，我想，能得一人才以助自己成就功业，实在是一件大好事。自古以来，高高在上的君王或主人，能够"礼贤下士"，能够对前来辅佐自己的人才以恭敬之心的人，也不在少数。好比现如今，能够舍得"高薪养士"的单位和领导，也越来越多。只不过，似乎还没有人能够做到孟尝君那样，对待人才"无贵贱，一与文等"。我们且看一个事例：

孟尝君曾待客夜食，有一人蔽火光。客怒，以饭不等，辍食辞去。孟尝君起，自持其饭比之。客惭，自刭。士以此多归孟尝君。孟尝君客无所择，皆善遇之。人人各自以为孟尝君亲己。

——《史记·孟尝君列传》

这让我想起了"飞将军"李广。

广廉，得赏赐辄分其麾下，饮食与士共之。终广之身，为二千石四十余年，家无余财。终不言家产事。广之将兵，乏绝之处，见水，士卒不尽饮，广不近水。士卒不尽食，广不尝食。宽缓不苛，士以此爱乐为用。

——《史记·李广列传》

如此仁爱好"客"，必然好人好报。

以上史料主要来自《史记》中的《孟尝君列传》，今天，我们就以《战国策》中所记载的《冯谖客孟尝君》的故事为例，从另一个角度，来具体了解一下孟尝君和他的门客们的交往情形。

齐人有冯谖者，贫乏不能自存，使人属孟尝君，愿寄食门下。孟尝君曰："客何好？"曰："客无好也。"曰："客何能？"曰："客无能也。"孟尝君笑而受之曰："诺。"

冯谖，何许人？不知道。应该是一个名不见经传的普普通通的平民百姓吧，并且，还是一个穷困到自己养活不了自己的落魄之人。所谓"自存"，就是"自己养活自己"的意思。这样一个人，最终决定选一家名门望族去给人做门客，应该说不失为一条生路。

在这里，我们有必要说说所谓"门客"，也叫"食客"。

食客：古代寄食在贵族官僚家里为主人谋划、奔走的人士。"食客"之风起于春秋战国之际，"客"者依附于主人并供主人驱使乃至为主人效命，主人则负责"客"的生计，其间是豢养和被豢养的关系。

如此看来，贵族养客，并非出于慈善和救济，而是"以备不时之需"。那么，主人在是否接纳一位新门客的时候，就好比现在的单位招聘员工一样，必然是要考量他的能力才华的了，绝不会有人愿意养着一帮白吃饭的闲人的。

于是，孟尝君问："客何好""客何能"？对方回答："客无好""客无能"。

乍一听，你就会为这样的招聘面试而忍俊不禁。倘若放在今天，你去一家单位应聘，面对面试官的提问，无论你明知自己是多么的不学无术，你也一定会硬着头皮或是腆着脸皮替自己吹嘘一番。然而，冯谖却说："我什么都不会。"是憨厚的诚实呢？还是有意地故弄玄虚？我们不得而知。

不过，最让你觉得不可思议的，应该不是冯谖，而是那位领导。面对一个"无所好""无所能"的人，孟尝君居然说："那好吧，你就来上班吧。"

有人说，这恰好表现了孟尝君的"仁爱"之心，这份"仁爱之心"，是他能够礼贤下士的基础。照此解释，那就是说，孟尝君之所以接纳了冯谖，是怜悯于他的生活境遇，很有救死扶伤、慈悲公益的感觉。倘若真的如此，那么，孟尝君就根本没有必要问完那两个问题之后才决定要接纳他。此外，天下穷苦到活不下去的人多的是，孟尝君是统统收留吗？肯定不是的吧。都说孟尝君礼贤下士，但从未听说过他大搞慈善事业呀。

《战国策》中的这段记载，一开篇就留给我们很多悬疑。冯谖的出场，很奇怪；孟尝君的表现，也非同一般。我们再细细地读一读这一小段文字吧，或许你会有新的发现。

比如，按照本文记载，这场招聘面试会，应聘人冯谖自己应该并不在现场，孟尝君的问题，应该是由别人替他回答的。因为孟尝君问话中的称呼是"客"，好比现在的第三人称"他"。孟尝君称其为"客"，而非"公""子""尔""汝"等第二人称，显然表明眼前不是冯谖本人，而是有人代办。这不，原文有"使人属孟尝君"一句，明确交代了冯谖并没有直接登门求职，而是托人带话。

这其中就很有文章可做了。

照理说，一个穷困到活不下去的人，其亲朋好友中应该不会有什么达官贵人能和孟尝君说得上话。一个穷困到活不下去的人，也绝无可能用钱收买到孟尝君身边的人，来替自己做引荐。那么，冯谖所托之人，究竟是什么人？和冯谖什么关系？不仅如此，原文中用了一个"使"字，而非"求""乞"之类，更带有了"派遣""交代"的意味，说不上"支使"吧，但起码有"让""叫"的意思。能"使人"的人，应该不是一般人。

当然，这是我们从文学的角度，从原文中读出的一些值得思考的问题，历史上的这位冯谖，究竟是怎样的人，他究竟是如何进得孟尝君的大门的，未必是我们想象的这样。我们也无从考究，想一想，猜一猜，就权当一种阅读的乐趣吧。

再说回孟尝君。至于他为什么如此荒唐地爽快答应了下来，我们猜想，这其间应该和那位被冯谖"使"来的人少不了关联。一则看在说情引荐之人的份上，二则家大业大，多一副碗筷也无甚大碍，倒不如做个顺水人情，还能博得仁爱的美誉，何苦不为呢？只是，孟尝君自己心里也很清楚，这么个啥也不会的人，竟然托人前来求个饭碗，实在是无赖得很；不过，孟尝君想到这位老兄诚实到连撒谎吹牛都不会，一定又会觉得他实在是可爱得很。因此，孟尝君"笑"了。这"笑"中的含义，丰富得很哪！

且看事情的后来。

左右以君贱之也，食以草具。

这是冯谖进入孟尝君家之后的最初的待遇。每次读到这句话的时候，我都感慨良多。

其一，"无所好""无所能"的人，实在是被人看不起。说是"欺软怕硬"也好，说是"见风使舵"也好，实际上，这些被标识为"贬义"

的词语，其本身又有着很多的现实性和合理性：谁叫你"无能"呢？生物界的游戏规则就是"适者生存，不适者淘汰"，人类社会也不会例外。人比动物更高级的地方，就表现为人有恻隐之心，面对那些即将被淘汰的"不适者"，"适者"们偶尔会伸出援助之手——孟尝君不就是这样一位仁爱的"适者"吗？然而，所谓"援助"，那是道德，而不是义务。所以，这位名叫冯谖的"不适者"，能被赐以食物，得以存活，就应该感念救命之恩了，哪还能去计较这食物究竟是用金碗盛了送来的，还是用"草具"盛了扔来的呢？至于有人宁可饿死也不吃嗟来之食，那是他自己心中关于"生存"与"人格"孰轻孰重的掂量，与他人无关。看来，人若无"一技之长"，纵使上天眷顾了你，也只能是寄人篱下。

其二，这些"左右"之人，实在精明，又委实可恶。"食以草具"，并非主人之命，而是"左右"自作主张。当然，这主张也不是毫无理论根据，他们是在看出了主人的态度，深刻地领会了领导的意图之后，所作出的结论和决定。大凡领导，都喜欢那些能够准确领会自己心意的属下，尤其是一些不太好明说、不太好明做的事情，这样，既传达了心意，又不失自己的"仁爱"形象。这些"左右"们呢？也是苦练此功，将领导的明心暗意，揣度得分毫不差。从原文描写的细节来看，大概就是孟尝君的一"笑"，泄露了领导的天机吧，才有了后来的"左右以君贱之也"。

有幸而又可怜的冯谖，将如何呢？

居有顷，倚柱弹其剑，歌曰："长铗归来乎！食无鱼。"左右以告。孟尝君曰："食之，比门下之客。"居有顷，复弹其铗，歌曰："长铗归来乎！出无车。"左右皆笑之，以告。孟尝君曰："为之驾，比门下之车客。"

于是乘其车，揭其剑，过其友曰："孟尝君客我。"

我觉得，这是《战国策》中写得极其精彩的一段。

从本段情节看来，这冯谖确非等闲之辈，他托人求职来到孟尝君门下，绝非只为求三餐之饱。要不，他不应该如此不识趣地一而再再而三地得寸进尺。

这里顺便说一下，先秦时期，所谓"门客"，也是分三六九等的。最低等的门客，只管饭菜，无鱼无肉，出行更是只能靠两条腿走路；中等门客，尽管出门依然只能步行，但饭菜里会有鱼有肉；而上等门客，不仅吃着大鱼大肉，出门还能有车接车送。

由此看来，这冯谖初来乍到之时，显然是被列为了最低等的门客待遇。他很是不满，没过多久就开始大发牢骚。这冯谖发牢骚的功夫也很是了得，他绝不是偶尔嘴角小声嘟囔两句，而是大张旗鼓地坐在厅堂庭院里，敲着他的剑，将他的牢骚高声唱出来。他唱"食无鱼"，他唱"出无车"；更加高明的是，他的歌唱似乎是在和自己的长剑对话，又似乎是在自言自语，又似乎是在有意说与他人倾听。而就在这有意无意之间，身边的"左右"之人，或当作无聊的笑料，或当作群众的呼声，不管是哪一种，最后的效果就是这些"左右"之人，将冯谖的牢骚传达到了孟尝君的耳朵里。这肯定是冯谖的本意，那些看不起他、欺负他的"左右"势利之人，被冯谖轻轻松松地利用了。

在这段情节里，最让人不可思议的依旧是这位最高领导孟尝君。面对当年自己"笑而受之"的啥也不会的穷鬼几次三番的无赖牢骚，孟尝君居然一而再再而三地满足他的要求。难道是孟尝君看出了冯谖的什么才华？似乎不是。那难道是冯谖所托之人连孟尝君都要一再地给足面子？文章并未交代，且从冯谖身世来看，也似乎毫无可能。那究竟是为什么？孟尝君如此爽快，难道他就不怕别的低等门客也纷纷效仿如法炮制以求提高待遇吗？我们真的无法知道，就让这成为一个死谜吧。

总之，这冯谖不仅吃上了鱼肉，而且还拥有了专车。这待遇，别说是几千年前的时候，就放在现如今，那也算得上是高级待遇了，岂能是一般人所能企及的？这不，连冯谖自己也觉得很有成就感了，于是"乘其车，揭其剑"，去"过其友"。此处之"过"，当然应该解释为"拜访"。冯谖绝不是"路过"朋友家门，而是特意前去拜访。为何而去？"孟尝君客我"一句，将其炫耀的本心表露无遗。

如果我们并不大了解孟尝君其人，或者，如果我们事先不知道后来的事情，那么，我想，每个读者读到此处，都会觉得冯谖这人太不像话，简直就是流氓无赖。

可是，更无赖的还在后边。

后有顷，复弹其剑铗，歌曰："长铗归来乎！无以为家。"左右皆恶之，以为贪而不知足。孟尝君问："冯公有亲乎？"对曰："有老母。"孟尝君使人给其食用，无使乏。于是冯谖不复歌。

没过多久，这位仁兄又开始敲起他的长剑来了，新的牢骚又开始了。他唱道："长铗归来乎！无以为家。"这无异于明摆着要向领导要房子，还要领导解决他全家的工作和生计问题。自己要吃要喝要车要享受也就罢了，还要替家人索要，真是过分。连那些"左右"之人，一改当初只是笑笑的鄙夷态度，成了"皆恶之，以为贪而不知足"。

然而，连这项不仅无理简直有点无耻的要求，孟尝君都全部答应了。

就此，冯谖不仅自己享有了荣华富贵，连带他的老母亲的生活也有了依靠。"于是冯谖不复歌"，是啊，冯谖还能有什么别的索求呢？

按照文学的一般规矩，文章写到这里，应该开始写冯谖如何用自己的才华来报答孟尝君了，本文也不例外。请看第一件事情：

后孟尝君出记，问门下诸客："谁习计会，能为文收责于薛者乎？"冯谖署曰："能。"

这句话的翻译，是很有难度的。比如何谓"出记"？"计会"什么意思？什么是"为文收责于薛"？不过，倘若能结合语境前后呼应起来看，这些问题也不是很难解决。

比如，"出记"应该是"问"的方式，而就冯谖以"署"（即署名）的回答方式来看，这个问的方式，应该也是书面的。所以，"出记"，就好比现如今"贴出布告"的意思，也就是古人所说的"张榜"，那么，冯谖的"署名"，就算是揭榜了。

至于"计会"，是"习"（熟习）的宾语，按语境来看，应该是一种技能。至于何种技能？结合后文中"为文收责于薛"中的"收"字来看，应该就是现在所说的"会计"，一种计算账目的能力。

还有"收责"。收什么东西需要计算账目？考虑一下孟尝君的身份，也可以粗读一下后边的情节，我们就能知道，这个"责"，应该是"债"的通假字，这里的"收责"，就是"收债"。

至此，全句的意思就通贯了。大概翻译为：后来孟尝君贴出布告，问他的所有门客："谁熟习会计，能够替我到薛地去收债？"冯谖在布告上签上了自己的名字，说："我能。"

当然，这里还需要知道两个背景知识。一是孟尝君，姓田名文，叫田文，此处"文"即"我"的意思。其二，"薛"是孟尝君的封地。

好，此处可谓冯谖第一次为报答主人而主动请缨。按常理来讲，冯谖应该找一个难度系数大一些的事情去做，才能展现自己的才华，来为之前的几次三番的无赖之举做出最完美的解释。然而，去主人的封地收债，这样的事情，有什么难度吗？

何谓"封地"？旧时分封给王室成员及大臣、诸侯的土地。封地主人拥有封地上的一切权力，包括土地、人民和武装，享受封地范围内的赋税收入，还可以在自己的封地上组织自己的私卒家兵。如此看来，孟尝君要在薛地收租收债，应该是一件合理合法的事情。为什么会弄得孟尝君需要张榜重赏来招贤纳士呢？看来先前派去的收债之人，一定遇到了不小的阻力和麻烦，并且，这种阻力和麻烦，绝不是单靠孟尝君的权力或是武力就可以解决的。

在这样的时候，冯谖毛遂自荐，自告奋勇。他有什么高招吗？

孟尝君怪之，曰："此谁也？"左右曰："乃歌夫长铗归来者也。"孟尝君笑曰："客果有能也，吾负之，未尝见也。"

孟尝君觉得此事奇怪。我不止一次地问过我的学生："孟尝君奇怪什么？也就是此处'之'字指代什么内容？"学生们往往会不假思索地回答："孟尝君因为不相信那个冯谖会有解决这个问题的能力而觉得奇怪。"不知道你们的第一反应是否也是如此。

这个回答当然是错的，因为孟尝君是在问"此谁也"之前就"怪之"了，显然他还不知道这个署名"冯谖"的人，就是当年那个得寸进尺啥也不会的流氓无赖。看来，孟尝君的"怪之"，应该是怪在他压根儿没想到这么快就有人揭榜领命，或者，当初孟尝君自己"出记"（贴出布告）的时候，就没打算真会有人来领命。如此看来，这薛地的债，还真不是一般的难收。前文"出记"，已表明了事情之难，此处一个"怪之"，更强调了此事之难非同一般。

当孟尝君得知这个叫"冯谖"的人，就是当年一遍又一遍地"弹铗而歌"的人的时候，他感叹道："客果有能也。"不知各位读到这句话，是否已经为当年孟尝君不可思议地接纳冯谖又不可思议地满足冯谖的再三要求的极不正常的态度，找到了一个合理的解释？此处一个"果"字，就是最好的理由了吧。"果"，意为"果然"。一个"果然"，充分表明当初孟尝君就已经猜测到了这个流氓无赖一般的冯谖，会不会真有点独到的本领呢？如今看来，当初的猜想，以及当初对冯谖的善待，实在是有先见之明的。

为了表示对冯谖的尊敬，孟尝君要亲自接见他。我们的冯谖，终于在这样的气氛中，正面亮相了。

请而见之，谢曰："文倦于事，愦于忧，而性懧愚，沈于国家之事，开罪于先生。先生不羞，乃有意欲为收责于薛乎？"冯谖曰："愿之。"于是约车治装，载券契而行。辞曰："责毕收，以何市而反？"孟尝君曰："视吾家所寡有者。"

一番客套的寒暄之后，冯谖即将起行。至于起行之前冯谖做了哪些准备，文中只字未提；就连如何起行，也只是寥寥一笔："于是约车治装，载券契而行。"但是，这寥寥数语中有一个字，却令我很感兴趣，这个字就是"载"。

先秦时期，"契"约形式一般是将刻有记号的竹片或木片一分为二，契约双方各执其一。尽管这种竹木材质的"券契"，其体积要远远大于现如今的纸质合同书，然而，需"载而行"，也可见"券契"之多。看来，薛地百姓拖欠孟尝君的债务，委实不少。前文中提到了收债之难，这里又暗示了债务之多，这为冯谖能否顺利完成使命，又添一悬疑。

搁下这事儿不说，再看本段后两句，那是冯谖临行前和孟尝君之间的两句对话。

冯谖问："我收完债后，买点什么东西回来？"孟尝君说："你看我家缺什么，就买点什么吧。"

冯谖和孟尝君的对话，似在意料之外，又在情理之中。

所谓"意料之外"，其一，是冯谖为何要有这么一问？你替主人收债，收完后满载金银粮食浩浩荡荡回来，让大家都知道你很能干，不就得了吗？为何要多此一举给自己找事儿呢？其二是孟尝君的回答。如此多的债务，绝不是个小数目，孟尝君既然兴师动众招贤纳士前去收取，为什么会将这笔钱财的花费权力，如此随意地交给一个门客做主呢？

所谓"情理之中"，其一，冯谖此问，一定有其特别的用意。这个用意，我们在后文情节中将会找到印证，这里暂且不提。其二，孟尝君如此"大气"的回答，一定有他的把握，那就是："按往年的经验，我料你冯谖也收不回来，充其量也只能是收上来极小的一部分。"这样一来，你收上来的那点小钱，就随你去买点油盐酱醋算了。总之，孟尝君对冯谖此行，并未抱什么期望。

就这样，冯谖领命出发了。注意，原本只有"收债"一个使命，由于冯谖临行前的随口一问，变成了两个使命。一个是"收"，一个是

"买"。如果"收"到了，那当然好"买"；如果没"收"到呢？如何"买"得？这个，恐怕冯谖已然是有答案了的吧，只是我们都无法知晓。

总之，冯谖出发的时候，似乎是志在必得。

驱而之薛，使吏召诸民当偿者，悉来合券。券遍合，起，矫命以责赐诸民，因烧其券，民称万岁。

这就是冯谖收债的全部过程，比起当年他"弹铗而歌"的无赖，他做事情的风格来得更是荒唐。当然，他敢这么做，他一定想好了如何向主人交代。

长驱到齐，晨而求见。孟尝君怪其疾也，衣冠而见之，曰："责毕收乎？来何疾也！"曰："收毕矣。"

冯谖驱车一路风尘赶回到齐国，早上去求见孟尝君，以回复使命。"孟尝君怪其疾也，衣冠而见之。"很多同学容易将此句中的"怪"，翻译为"责怪"。理由是孟尝君责怪冯谖来复命的时间太早，自己还没起床呢，好梦被打搅而生气，于是好生责怪。其实，这里的"怪"，依旧是它的意动用法，解释为"对什么事情感到奇怪"。孟尝君奇怪的，是冯谖收债之快，出乎意料。在得知债都收齐了之后，孟尝君问道："以何市而反？"

冯谖曰："君之'视吾家所寡有者'。臣窃计，君宫中积珍宝，狗马实外厩，美人充下陈。君家所寡有者，以义耳！窃以为君市义。"孟尝君曰："市义奈何？"曰："今君有区区之薛，不拊爱子其民，因而贾利之。臣窃矫君命，以责赐诸民，因烧其券，民称万岁。乃臣所以为君市义也。"孟尝君不悦，曰："诺，先生休矣！"

此处是全文的高潮部分，是正面展现冯谖的智慧和勇气的地方。

原来，这就是冯谖"收不到却买得到"的秘密所在；原来，这就是冯谖为什么要在临行前向孟尝君多余一问的目的；原来，这就是冯谖敢于在孟尝君"出记"时"署曰'我能'"的资本。

古人言"舍生取义"，那么，"舍钱取义"，就更是君子无法非议的了。冯谖的选择，让孟尝君无言以对，只好说："诺，先生休矣！"

此句中"休"字的解释，也众说纷纭。有说"休息"的，有说"停止"的。我认为，两种解释都未尝不可，都说得通。但是不管解释为哪种，其间都必然要包含着孟尝君"敢怒不敢言"的心情和语气。我觉得，孟尝君所说的"休"字意思，像极了我们如今口语中常说的"行了，歇着吧"：有休息的好言相劝，更有"就此打住，下不为例"的警告。

我还在想另一个问题：假如当初冯谖问孟尝君"以何市而反"的时候，孟尝君的回答不是"视吾家所寡有者"，也就是说，孟尝君没有将这笔钱的花费权力全权交给冯谖自己，比如，孟尝君要求冯谖买些马匹、丝绸回来，那该如何是好？

这个假设，并非不可能成立，我们的这个担心，也并非杞人忧天。只要孟尝君不给出这句话，冯谖就不可能按照他自己的"阴谋"来实施他的"免债务买人心"的计划。揭了榜而办不成事情，不说掉脑袋，那也至少是一件很丢面子的事情，估计不仅房子车子要被没收，可能连到嘴的鱼肉都要吐还出来。

冯谖是不可能干这样没把握的事情的，他一定是胸有成竹，胜券在握，志在必得。若要如此，前提只有一个，那就是冯谖对孟尝君其人极其了解，料定他一定会做此番回答。

有句话说"知己知彼，百战不殆"。究竟是"知己"不易，还是"知彼"更难，这个无法一概而论，且往往无法分而论之，两者总是相辅相成的。冯谖应该是"知己"的，要不，他就不可能去敲响孟尝君的大门。冯谖也应该是"知彼"的，要不，他也不可能屡屡"弹铗而歌"，更不可能"焚券市义"。倘若要分析一下冯谖成功"收债"的原因，只能归功于他的"知己知彼"了吧。

如果说冯谖为孟尝君买来的"义"，到此也只不过是一张空头支票的话，那么，不久之后的事情，就为这张支票兑了现。

后期年，齐王谓孟尝君曰："寡人不敢以先王之臣为臣。"孟尝君就国于薛。

有句古话："得意人别忘失意时。"春风得意的孟尝君，大概怎么也没有想到自己会有一天被君王排挤放逐。齐王说："您是先王的臣子，我（因尊重先王起见）怎敢用您为臣呢？"这当然是一个相当文雅的借口：不敢用您为臣，难道能用您为王？除却"王"与"臣"，孟尝君还能有什么身份呢？尽管我们不能说齐王放出此言就是要致孟尝君于死地，但至少，齐王是希望孟尝君在他面前永远消失的，以除喧宾夺主之患。

于是，孟尝君离开京城，前往自己的封地（小小的薛地）苟且安身。

未至百里，民扶老携幼，迎君道中。孟尝君顾谓冯谖："先生所为文市义者，乃今日见之。"

看来，冯谖不仅"知己知彼"，还能预知将来，方能做出如此高瞻远瞩的事情来。一个人得意之时，可以不在乎他人对你的态度，哪怕是敌对的态度，人家也只是"敢怒而不敢言"而已，没有什么大碍。然而，当一个人失意的时候，一个温暖的容身之所，就显得格外的重要。此时的孟尝君，就是失意之人，被君王逐出朝廷，逐出京城，只好退回自己的封地，只好寄希望于那个小小的地盘，小小的圈子。

假如当年孟尝君凭借自己的权势，在薛地横征暴敛；假如孟尝君对薛地百姓所拖欠的债务耿耿于怀，那么，我们很难想象，区区薛地，怎么能够成为一个失意公子的安安稳稳的最后一个港湾，更甭提什么"扶老携幼，迎君道中"了。难怪孟尝君感慨道："先生所为文市义者，乃今日见之。"看来，冯谖替孟尝君买来的"义"，长期以来在孟尝君的心目中，还真的只是一张空头支票而已。如此想来，当年那一句"先生休矣"，饱含了孟尝君多少委屈啊。

当孟尝君打算在这样一个温柔之乡长久栖居的时候，冯谖又一次展示了他"高瞻远瞩"的超人智慧。

冯谖曰："狡兔有三窟，仅得免其死耳；今君有一窟，未得高枕而卧也。请为君复凿二窟。"

冯谖的这句话，可能是"狡兔三窟"和"高枕无忧"两个成语的最早出处。据说狡猾的兔子会准备好几个藏身的窝，以此来比喻隐蔽的地方或逃脱的方法很多，指的是人为将来的退路做好了充分的准备。"高枕无忧"，说的是垫高了枕头睡觉，无忧无虑，用以比喻平安无事，不用担忧。

　　一个人如果像狡兔一样预备好"三窟"，那真的是可以"高枕无忧"的了。遗憾的是，我们的平常人等，多半不会预想到自己将来可能面对的灾祸，也就很少去想到为自己营造"三窟"。话说回来，就算你想到了要给自己多挖几个窟，也不是每个人都有这个挖窟的能耐的呀。

　　孟尝君大概就没想到要为自己造"窟"，也想不到该去哪里造"窟"。幸好他有冯谖。

　　孟尝君予车五十乘，金五百斤，西游于梁，谓惠王曰："齐放其大臣孟尝君于诸侯，诸侯先迎之者，富而兵强。"于是梁王虚上位，以故相为上将军，遣使者黄金千斤，车百乘，往聘孟尝君。冯谖先驱，诫孟尝君曰："千金，重币也；百乘，显使也。齐其闻之矣。"梁使三反，孟尝君固辞不往也。

　　冯谖带着孟尝君所给的五十辆车、五百斤黄金，西行到梁国，见梁惠王并游说道："齐国将孟尝君弃之不用，放逐到小小薛地。天下诸侯之中，谁人能抢先得到孟尝君这等人物的辅佐，必将使得国富兵强。"在冯谖的夸赞中，孟尝君俨然就是管仲，就是商鞅。至于孟尝君是否真是如此高级的治国雄才，我们没法知道，因为史书上几乎没有孟尝君为国家出谋划策而表现出什么雄才伟略的具体记载。但是，梁惠王相信了，并且不仅心动了，还立马就行动了，这绝不该仅仅只是听信了冯谖的一句赞词，而更说明了孟尝君在当时确乎是一位名噪天下的大人才。否则，梁惠王怎么可能"虚位"以待，且是"虚上位"以待呢？此处所说的"上位"，就是"相位"。孟尝君的名声肯定很大，这不，连原本的相无缘无故被降了职，挪了窝，也都似乎毫无怨言、心服口服。

梁惠王的确是诚心诚意的。他派人带着千斤黄金，以百辆车队的阵势，浩浩荡荡地前去齐国聘请孟尝君为相。按理说，这对于在齐国遭遇排挤和冷落的孟尝君来说，无疑是一个大大的"抬举"，孟尝君应该欣然应允即刻启程，奔赴梁国就任相位，帮助梁惠王富国强兵，以报知遇之恩。

然而，游说梁惠王大张旗鼓地前来登门聘请，原来只是冯谖计谋中的一个前奏而已。"冯谖先驱，诫孟尝君曰：'千金，重币也；百乘，显使也。齐其闻之矣。'"冯谖生怕天真可爱的孟尝君真的就感恩戴德地为梁惠王效劳去了，赶紧抢先回到薛地，告诫孟尝君说：这"千金"和"百乘"，不是要送给你的，而是要做给齐王看的，以此来告诉齐王——您不用我，有的是人抢着要用我。今天是梁国使臣登门求聘，明天就会还有楚国、韩国、赵国乃至秦国。一旦我孟尝君"私通"国外，那么，齐国就将遭受灭顶之灾。

可爱的冯谖生怕齐王没有注意到梁惠王的"千金"和"百乘"，一连使得梁惠王的使臣三来三返。其实，这么大的动静，齐王怎么可能不知道呢？

齐王闻之，君臣恐惧，遣太傅赍黄金千斤、文车二驷，服剑一，封书，谢孟尝君曰："寡人不祥，被于宗庙之祟，沈于谄谀之臣，开罪于君。寡人不足为也；愿君顾先王之宗庙，姑反国统万人乎！"

这事传到齐王耳朵里，传到齐国朝廷，君臣上下一片恐惧。他们经过短暂的商议之后形成一致决议：趁孟尝君尚未答应梁国，抢先重用他。可是，孟尝君是自己亲自赶走的，拿什么理由去将他重新召回呢？可怜的齐王只有三个招数：其一，用金钱（比梁惠王出价更多的金钱）和权位（比梁惠王出价更高的权位）去诱惑他的功利心；其二，用道歉的诚意去消解他的仇恨心；其三，用祖国的情怀去打动他的爱国心。

我猜想，作为仁心宅厚的孟尝君，面对齐王的这些举动，是完全可以被感动的。冯谖的看法估计和我一样，于是又赶紧"诫"孟尝君。

冯谖诫孟尝君曰："愿请先王之祭器，立宗庙于薛。"庙成，还报孟尝君曰："三窟已就，君姑高枕为乐矣。"

冯谖说："你得趁机要价，跟齐王讲条件，让齐王在你的封地上建立宗庙，将先王的祭器置放于此，才行。"一旦您的封地上有了先王宗庙，到那时，齐王想来讨伐您，也就会投鼠忌器，"心有余、力有余，而胆不足"了。

至此，冯谖为孟尝君苦心营造的"三窟"，已然大功告成。只是不知道我们后来的这些读者，是否看出了"三窟"何在？

其一窟，百姓拥戴。当年冯谖为孟尝君"焚券"，买得薛地百姓民心。从此，薛地就是孟尝君最温暖的避难所。

其二窟，齐王重用。冯谖说梁礼聘，使得孟尝君在诸侯中名声大噪，齐王不得不重新起用孟尝君，并重用之。

其三窟，宗庙庇佑。冯谖提请齐王在薛地建立宗庙，使得区区薛地一夜间成为了齐国圣地。有了先王的庇佑，薛地也成为了孟尝君最安全的安身立命之所。

　　孟尝君为相数十年，无纤介之祸者，冯谖之计也。

　　有这"三窟"，孟尝君进可攻，退可守，是为游刃有余。当然，说是"三窟"，本质上就是"一窟"：薛地，一座收揽了民心和置放了宗庙的封地，此地退可守（民心所向），战可凭（倚赖宗庙可挟持朝廷），败可走（天下有容身之处）。

　　《战国策》将孟尝君之所以能够安安稳稳"为相"的原因和功劳，全都归在冯谖的名下，固然是为了极言冯谖的重要，但是，从本文看来，也并不为过。

　　《战国策》对冯谖的记录，就到此为止了。然而，在司马迁的《史记》中，另有一段故事，也值得一提：

　　自齐王毁废孟尝君，诸客皆去。后召而复之，冯谖迎之。未到，孟尝君太息叹曰："文常好客，遇客无所敢失，食客三千有余人，先生所知也。客见文一日废，皆背文而去，莫顾文者。今赖先生得复其位，客亦有何面目复见文乎？如复见文者，必唾其面而大辱之。"冯谖结辔下拜。孟尝君下车接之，曰："先生为客谢乎？"冯谖曰："非为客谢也，为君之言失。夫物有必至，事有固然，君知之乎？"孟尝君曰："愚不知所谓也。"曰："生者必有死，物之必至也；富贵多士，贫贱寡友，事之固然也。君独不见夫趣市者乎？明旦，侧肩争门而入；日暮之后，过市朝者掉臂而不顾。非好朝而恶暮，所期物忘其中。今君失位，宾客皆去，不足以怨士而徒绝宾客之路。愿君遇客如故。"孟尝君再拜曰："敬从命矣。闻先生之言，敢不奉教焉。"

孟尝君和冯谖，成就了一段"主客佳话"，"仁心宅厚"和"智慧忠诚"相得益彰。套用一句话来形容这种关系，那就是："谁言三窟，报得仁心？"

可惜，后来的历史，给冯谖开了一个大大的玩笑。孟尝君死后，其不肖子们争相继位，齐、魏兴兵，满门灭绝。冯谖既痛心又无奈，于是西出函谷关，最终漂沦在西北大漠，潜心教书，不涉政事。

以上就是《战国策》以及《史记》中对冯谖的相关记载。

"冯谖客孟尝君"的故事，我们就讲到这里。

音　频　版　入　口

三千越甲竟吞吴

——读《国语·勾践灭吴》

《国语》是中国最早的一部"国别体"史书，该书按照国别编录，记录了周朝王室和鲁国、齐国、晋国、郑国、楚国、吴国、越国等八国的历史，其内容包括：各国贵族间的朝聘、宴飨、讽谏、辩说、应对之辞以及部分历史事件与故事传说，偏重于记述历史人物的言论，在一定程度上反映了春秋时期的社会状况。

柳宗元曾说："尝读《国语》，病其文胜而言庞，好诡以反伦。务富文采，不顾事实，而益之以诬怪，张之以阔诞。"其实，柳宗元所说的非难之词，从文学的角度看，也许正是对《国语》的肯定和赞美。

比如，我们今天要阅读的《勾践灭吴》一篇，就是《国语》中的文采斐然的代表作之一。下面，我们就一起来阅读《勾践灭吴》，领略那段"三千越甲竟吞吴"的壮阔历史。

关于勾践其人，《史记·越王勾践世家》记载：

越王勾践，其先禹之苗裔，而夏后帝少康之庶子也，封于会稽以奉守禹之祀，文身断发，披草莱而邑焉。后二十余世，至于允常。允常之时，与吴王阖闾战而相怨伐。允常卒，子勾践立，是为越王。

据历史记载，公元前496年，吴王阖闾率兵攻打越国，兵败而亡，临死前嘱托其子夫差复仇。夫差练兵三年，于公元前494年大败越兵。越王勾践带领五千残兵退守会稽山，对外示弱，求和于吴，在内取"十年生聚、十年教训"之策，终于灭掉吴国。

"勾践灭吴"这段历史，留给后人的最大财富，当属一个成语"卧薪尝胆"。人们甚至只记住了"卧薪尝胆"，却忘记了其主人勾践，忘记了那一段打打杀杀的混乱的历史。

翻开成语词典：

卧薪尝胆——薪：柴草。睡觉睡在柴草上，吃饭睡觉前都要尝一尝苦胆，以示"吃苦以隐忍"。形容人刻苦自励，发奋图强。

然而，《国语》和《左传》中均有"勾践灭吴"的记载，但均未提及"卧薪尝胆"之典。倒是在司马迁的《史记·越王勾践世家》中，首次提到了"尝胆"：

越王勾践反国，乃苦身焦思，置胆于坐，坐卧即仰胆，饮食亦尝胆也。

《吴越春秋》中也有相似的内容：

越王念复吴仇非一旦也，苦身劳心，夜以接日。目卧则攻之以蓼，足寒则渍之以水；冬常抱冰，夏还握火。愁心苦志，悬胆于户，出入尝之不绝于口。

此处"目卧则攻之以蓼"，按字面解释，应为"眼睛累了，就用蓼草刺激一下"的意思（"蓼"，一种草，其茎叶气味辛辣），这和之后所谓的"卧薪"（睡在柴薪上）截然不是一回事。

更有意思的是，到了唐宋时期，竟然出现了一种"枕戈尝胆"的传说。杜甫的《壮游》一诗写道：

枕戈忆勾践，渡浙想秦皇。越女天下白，鉴湖五月凉。

北宋王洙注释此诗称：

越王勾践"出则尝胆，卧则枕戈"。

无论是"蓼目"，还是"枕戈"，以上史书中只有"尝胆"，而并不见"卧薪"。然而，北宋苏轼在一篇戏文《拟孙权答曹操书》中居然使用了"卧薪尝胆"一词：

仆受遣以来，卧薪尝胆，悼日月之逾迈，而叹功名之不立，上负先臣未报之忠，下忝伯符知人之明。

当然，苏轼在此所说的"卧薪尝胆"，只是文人的戏说罢了，也许和勾践并无什么关系。《东周列国志》对于勾践卧薪尝胆之事，作了详细的描写：

（越王勾践）累薪而卧，不用床褥；又悬胆于坐卧之所，饮食起居必取而尝之。

清初吴乘权在《纲鉴易知录》中谈及勾践时，也写道：

勾践反国，乃苦身焦思，卧薪尝胆……

从此，越王勾践"卧薪尝胆"的典故，就越传越广，成为了家喻户晓的历史典故。尽管在历史事实上"尝胆"确有所载，而"卧薪"则为后人附会，不足为信，但是，作为一个励志典故，无论是"卧薪尝胆"，还是"枕戈尝胆"，甚或只是"尝胆"，都足以鼓舞着后人为理想而努力奋斗。

我们翻开《国语·越语》，勾践灭吴的故事，十分详细。

越王勾践栖于会稽之上，乃号令于三军，曰："凡我父兄昆弟及国子姓，有能助寡人谋而退吴者，吾与之共知越国之政。"

尽管在阅读本文之前，我们早已知道勾践兵败的惨状，带领仅存的几千人马，估计还是老弱伤病残，退守在小小会稽山。但是，当真翻开此篇的时候，还是每每会被这一个"栖"字深深震撼。

鸟禽歇宿，是为"栖"。成语中有"山栖谷饮""栖风宿雨""轻尘栖弱草"……大凡带有"栖"字的词句，都显得那么的孤独、无助，凄清、悲凉。我不禁想起一句诗来："遥谢荷蓧翁，聊得从居栖。"1600多年前，陶渊明向着田地间一位竹杖在肩的老人遥相拜谢，不就是为聊得一栖居之地吗？此处说"越王勾践栖于会稽之上"，堂堂君王，浩浩军队，竟然像鸟禽一般，"栖居"于大山之中。"栖"字一出，何等狼狈！何等窘迫！何等悲凉！

当我引导学生体味这一"栖"字的深刻意蕴的时候，有一位女生却不以为然。她说："纵然有势单力薄之孤清，但是，鸟禽歇宿于草木，并非是要久居，而是待清晨，'决起而飞'，一飞冲天。因此，此处说'越王勾践栖于会稽之上'，意在暗指勾践只是暂借此地，养精蓄锐，而终将下得山来，荡平吴寇。"

其言毕，教室里一片愕然，接着，便是掌声雷动；我也使劲地为她鼓掌（还是一位女生呢，竟然有如此雄魄）。能这样读书的人，能这样品味语言的人，才是真正懂得了阅读的人，才是真正能够从阅读中收获快乐并享受幸福的人。

表达军队驻扎于某处的动词有很多：除了"驻"字之外，常见的还有"军""踞""舍""次"等。我们并不知道《国语》的作者在写下"栖"字的时候，究竟是何用意。但是，一个"栖"字，留给后世读者的想象，竟然如此丰富，的确要感谢文学的美丽和汉字的魅力。后人赞叹《史记》为"史家之绝唱，无韵之离骚"，殊不知，其实，比《史记》要早得多的《国语》，不也是如此的吗？这也正是我愿意将所有流芳千古的史书，都誉之为"史家绝唱"的原因。换个角度说，中国的文学，起初就是和历史融合在一起的呀。要不然，我们的语文教材中，为什么会有那么多的历史散文呢？

也许这个"栖"字，还能带给你更多的感受。汉语和汉字之博大，在其诞生之初就能摄人心魄。柳宗元之责难，自有他的角度，这里暂且不谈。阅读之趣，留与你独自享受，我们继续阅读下边的内容。

面对人数寥寥的残兵败将，勾践竟"号令三军"，真是"假模假式"呀。尽管此"三军"，不同于现在所谓的"海陆空三军"，但是，那也足以表明军队之强盛，足以分出个"前中后""上中下""左中右"来。这种态度，不是妄自尊大，不是垂死挣扎，而是气势的需要，是自信的基石，是东山再起的可能性的开端。

且看勾践"号令"的内容：

凡我父兄昆弟及国子姓，有能助寡人谋而退吴者，吾与之共知越国之政。

"父兄昆弟"，泛指叔伯及兄弟。"国子姓"，意思不大好懂。有人解释为"国君的同姓"，有人解释为"国中百姓"，联系前后文，我觉得这些解释都不甚妥当。查阅词典，"国子"，意思是"公卿大夫之子弟"，"姓"字，在春秋时期常做"子孙"的统称。如此一来，"国子姓"，解释为"公卿大夫的子孙"最为合适。勾践招聘人才的范围，由"我父兄昆弟"等直系亲属，扩大到了"公卿大夫"。

当初勾践兴兵伐吴，范蠡等人是明确反对过的，可是，勾践一意孤行，落得今天几乎全军覆没，遭遇灭顶之灾。看来，当初勾践并未能够与公卿大夫大小官吏们"共知越国之政"，而是实行了家族式的独裁统治。国难当头，后悔当初，不得已想到了"共知"之举，尽管是被逼无奈，尽管一定是权宜之计，但也算是勾践的思想进步吧。在国权不可他姓的时代里，勾践能够允许像文种那样本非越国之人，参与国政，已是难能可贵。

大夫种进对曰："臣闻之，贾人夏则资皮，冬则资絺，旱则资舟，水则资车，以待乏也。夫虽无四方之忧，然谋臣与爪牙之士，不可不养而择也。譬如蓑笠，时雨既至，必求之。今君王既栖于会稽之上，然后乃求谋臣，无乃后乎？"

这大夫种，即文种，春秋末期楚国人，定居越国，著名的谋略家，算来是个外国专家。作为越王勾践的谋臣，和范蠡一起为勾践灭吴立下了赫赫功劳。灭吴后，自觉功高，不听从范蠡劝告继续留下为臣，终为勾践所难容，受赐剑自刎而死，这自是后话。

重赏之下必有勇夫。在勾践发表"共知"宣言后，文种站了出来，表示愿意助勾践"谋而退吴"，"共知越国之政"。只不过，文种并没有直接抖出自己的退吴良策，而是先发了一通牢骚，带着责怪的口吻，指出了君王的过错。他说，就连普通的商人都知道，凡事要提前预备，所谓未雨绸缪，可是，作为一国之君，平时不烧香，临时才来抱佛脚。好比蓑笠，在时雨到来之前就要置办好，否则，雨季到来的时候，就晚了。在汉语的成语中，用以表达文种的这个意思的词汇俯拾皆是：

表示"凡事要提前做好预备"的：未雨绸缪；防患未然；曲突徙薪；有备无患；摩厉以须；三年之艾；兵马未动，粮草先行；工欲善其事必先利其器……

表示"事先不准备，临时才想办法"的：临渴掘井、临阵磨枪、患至呼天、病笃求医、江心补漏、大寒索裘、平时不烧香急时抱佛脚……

未雨要绸缪，文种实在是高瞻远瞩。只是我在想，文种的此番责难，是进谏邪，还是抱憾邪？是遗恨邪，还是激将邪？无论是哪种心情，单就这番言语本身看来，就透着文种难以掩饰的自负，是久不得志之后乘人之危发泄心中的怨愤。他的自负，他心中的那点傲气，是他居功自傲的原因，也成为他最终惹来杀身之祸的悲剧因素。

相反，面对责难的勾践，却表现得很宽容，很谦恭。

勾践曰："苟得闻子大夫之言，何后之有？"执其手而与之谋。

他说："如果能够得到您的计策，那又有什么晚的呢？"读者当然可以将勾践的谦恭，理解为临危求人的无奈，但是，勾践作为君王，他毕竟放下了架子，放下了面子。至于他心里有没有记恨文种，谁知道呢？因而，"执手共谋"，可以看作是勾践的胸怀度量，可以看作是越国的民主共和，也可以看作是大敌当前的权宜之举。不过，单就其"犯龙颜而不怒"，也足见其决心了。

遂使之行成于吴。曰："寡君勾践之无所使，使其下臣种，不敢彻声闻于大王，私于下执事曰：寡君之师徒不足以辱君矣；愿以金玉、子女赂君之辱。请勾践女女于王，大夫女女于大夫，士女女于士；越国之宝器毕从！寡君帅越国之众以从君之师徒。唯君左右之……"

文种的退吴良策，其实很简单，就是"议和"，也只能是"议和"，甚至连"议和"都是奢侈之策。勾践发出悬赏，大概就是没人敢去议和，或者没人对议和有足够的自信，而文种应该是有胆有识智勇双全的。你想，"栖"存之国，何以曰"成"？兵临山下，大势已去，本该束手就擒的时候，你凭什么跟人"议和"？

勾践也深知这一点，因此，他借文种之口，不仅表达了自己最大限度的卑微态度，还拿出了最大限度的谈判筹码：金银财宝、举国美女、全部的军队，甚至是自己的亲生女儿。这些，也是勾践所能献出的全部家当。

这些礼物，听上去很美，似乎是一个很好的"放他一马"的条件。

但是，你可知道，即便勾践不投降，吴国照样可以在消灭越国后，管你是财物还是美女，统统一网打尽、洗劫一空的呀。文种此番议和，这样就有把握了吗？

当然不够。请看文种后边的话：

> 若以越国之罪为不可赦也，将焚宗庙，系妻孥，沉金玉于江；有带甲五千人，将以致死，乃必有偶，是以带甲万人事君也，无乃即伤君王之所爱乎？与其杀是人也，宁其得此国也，其孰利乎？

后边的这半段话，听起来就让人不是那么轻松了。对于求和这样的使命，跪下来磕头求饶，谁都能做，但还要加上一半要挟，恐怕这就是文种的能耐了。他说："如果您非要致勾践于死地，那么，越国将焚烧宗庙，将妻子孩子连同金银财宝一起沉入江中，然后，带领全国男子五千人前来拼命。这些置之死地而后生的士兵，就能一个顶俩。如此一来，就好比是有一万士兵来和您的士兵拼命了。如此一来，其结果不免会使越国百姓和财物都遭到损失，这岂不影响到大王加爱于越国的仁慈恻隐之心了吗？您想想，您是执意要杀掉勾践呢，还是愿意得到一个像样的附庸于您的国家？"

说起来是在替吴王分析杀与不杀的利害关系，实际上，文种的话中，是带着一丝"以颈血溅大王"的逼人之势的。尽管是强弩之末，但是，面对"不要命"的"拼命之徒"，你再有强势，又能怎么样呢？杀敌一千，自损八百，也是当王的所不愿意接受的。

看来，夫差是被说动了心的。

夫差将欲听，与之成。

子胥谏曰："不可！夫吴之与越也，仇雠敌战之国也，三江环之，民无所移。有吴则无越，有越则无吴。将不可改于是矣！员闻之，陆人居陆，水人居水。夫上党之国，我攻而胜之，吾不能居其地，不能乘其车；夫越国，吾攻而胜之，吾能居其地，吾能乘其舟。此其利也，不可失也已。君必灭之！失此利也，虽悔之，必无及已。"

子胥，就是大名鼎鼎的伍子胥，名员，春秋末期楚国人，后任吴国大夫，军事家。

伍子胥之父伍奢，是楚平王子建的太傅，因为受到费无忌的谗害，和他的长子伍尚一起被楚平王杀害。伍子胥侥幸逃往吴国，投奔吴王并成为吴王阖闾的重臣。公元前506年，伍子胥带领吴军攻入楚都，"掘楚平王墓，鞭尸三百"，以报父兄之仇。吴国倚重伍子胥等人之谋，遂成为诸侯一霸。公元前483年，夫差派伍子胥出使齐国，太宰嚭乘机进谗，说伍子胥阴谋倚托齐国反吴。夫差听信谗言，派人送一把宝剑给伍子胥，令其自杀。伍子胥自杀前对门客说：请将我的眼睛挖出置于东门之上，我要看着吴国灭亡。在伍子胥死后九年，吴国果然为越所灭。

对于吴国而言，这实在是一个举足轻重的人物，有智、有谋、有勇。在关键时刻，伍子胥向吴王夫差极力劝谏，万不可放虎归山而留后患。他说：吴国和越国，自古以来就有不共戴天之势，"有吴则无越，有越则无吴"，并且，这种仇敌之势，乃特殊的地理所决定，非人力可改变。江南水乡之人，即便攻占了中原大地，也无法居其地，乘其车；若要开拓疆土，同在水乡的越国，当属首选，"吾能居其地，吾能乘其舟"。并且警告夫差，倘若错失良机，将来必定后悔莫及。

伍子胥的分析，实在是客观得很，想必夫差也被说动了心。文种的议和之计，陷入僵局。

于是，文种紧跟着使出了他"议和"的第二招：以财宝和美色收买吴国内贼。对付敌人，要做到头脑清醒并不是太难的事儿，然而防不胜防的，终究都是自己身边的小人。文种很清楚这一点，才将一介女子西施送上了历史和政治的舞台中央。

越人饰美女八人，纳之太宰嚭，曰："子苟赦越国之罪，又有美于此者将进之。"

太宰嚭，本名伯嚭，春秋时楚国人，后逃奔吴国。在"同乡"伍子胥的极力推荐下，受到吴王重用，以为大夫，后任太宰，故称太宰嚭。伯嚭为人，好大喜功，贪财好色，为一己私利而不顾国家安危，内残忠臣，外通敌国，完全丧失了其祖辈的优良品质，使吴国在吴越争雄中拥有绝对优势的条件下，丧失有利时机，逐渐走向衰败，直至灭亡。

这是一个地地道道的势利奸佞之小人，却在吴国朝廷一手遮天，有他在，吴国岂无灭亡之理？眼前的八位美女，已然让太宰嚭心花怒放；一句"又有美于此者将进之"，又给太宰嚭的前途摆好了诱惑的酒色。如此一来，他岂有不为越王尽心尽力的道理？

太宰嚭谏曰："嚭闻古之伐国者，服之而已。今已服矣，又何求焉？"夫差与之成而去之。

在利益的驱使下，太宰嚭的智商也提高了不少。"古之伐国者，服之而已"，竟打起了"仁义"的旗号，的确不失为一个堂而皇之的理由。

在如此高风亮节的蛊惑下，夫差这次一定是彻底被暖了心的，立刻答应了越国的"议和"请求，和文种签订了"和平"协议，将文种送回越国。当然，夫差到死也不知道，让他彻底暖心的，不是太宰嚭的"仁义"旗号，而竟然是太宰嚭的好色、贪财，是太宰嚭的通敌卖国。

"夫差与之成而去之"，这是一个转折点，春秋历史，在这里拐了一个180度的大弯。都说历史的前行是一场必然，但这种必然之中，又藏有多少个偶然呢？

文种求和成功，勾践逃过一劫，越国败而不亡。

勾践说于国人曰："寡人不知其力之不足也，而又与大国执仇，以暴露百姓之骨于中原，此则寡人之罪也。寡人请更！"于是葬死者，问伤者，养生者；吊有忧，贺有喜；送行者，迎来者；去民之所恶，补民之不足。然后卑事夫差，宦士三百人于吴，其身亲为夫差前马。

传说中勾践将国内政务交与文种，自己带领范蠡等人，前往吴国，"其身亲为夫差前马"，长达三年之久。假如历史可以假设，勾践早知今日，为何早不"亲为百姓前马"？勾践为前马，三百宦士何罪之有？后人颂勾践之时，三百宦士安在？

临行之前，勾践向全国臣民发表演说，为自己盲目出兵伐吴惹下灭国之灾而谢罪。既然是"引咎"，就应该有后文的措施。按照今人的常规做法，"引咎"之后，就得"辞职"。当然，"辞职"之事，勾践是做不出来的，估计想也没有想过。所以，勾践所说"寡人请更"中的"更"字，自然不是要更换君王，而大抵只是下了一道"罪己诏"然后痛下决心要"更换治国策略"。

三年之后，勾践被赦放回国，卧薪尝胆，在文种的协助下，开始了他的复国计划。

请看勾践"更"之后的治国策略：

> 葬死者，问伤者，养生者；吊有忧，贺有喜；送行者，迎来者；去民之所恶，补民之不足。

前三句是针对眼下的残兵败将而言的：已战死的，好生安葬；受伤的，前往慰问；活下来的，政府给予扶养。

其后是针对日常民生而言的：老百姓家有忧难，要前往慰问；家有喜事，要前往祝贺。有人要出门求学或是谋生计，要前往送行；有人远道投奔而来，要前往迎接。去除那些百姓所厌恶的政策，补全那些老百姓所需要又不足的东西。

以上措施，看起来并非什么难事。然而，既然是"更"后之政，那就说明在此之前，越国政治是"有忧不吊，有喜不贺；行者不送，来者不迎；民之所恶不去，民之不足不补"。这样的政治，会有怎样的民生？这样的民生，能有怎样的民心呢？难怪乎一旦战争，便至于如此惨败。

勾践敢于东山再起，除却内心复仇的火焰烧得他热血沸腾之外，当然离不开越国优越的自然条件，这是他最大的立国根基和强国资本。

> 勾践之地，南至于句无，北至于御儿，东至于鄞，西至于姑蔑，广运百里。

"句无"，即今天的诸暨；"御儿"，即今天的嘉兴；"鄞"，即今天的宁波；"姑蔑"，即今天的衢州。越国的领地，照此圈起来，大概就是今天的浙江省大部，实在不小。此地雨水丰沛，土地肥沃，水系发达，交通便利。都说"上有天堂，下有苏杭"，这地上天堂的苏州和杭州，就全被这吴国和越国分享了去。优厚的地理条件，为勾践"十年生聚"，提供了坚实的物质基础。

于是，信心十足的勾践进而又采取了一系列的民生措施，以图在最短时间内发展国力。

首先，是人口问题。

乃致其父母昆弟而誓之曰："寡人闻古之贤君，四方之民归之，若水归下也。今寡人不能，将帅二三子夫妇以蕃。"

两千五百年前，不管是经济生产，还是军事实力，还正处于"人多力量大"的拼体力和靠肉搏的阶段，所谓的国力的强弱，主要就是人口数量的多寡。

首先的首先，是皇室人口。勾践召集皇室家族人员开会，决心带领"父母昆弟"，努力进行人口生产，这是皇室血统必须枝繁叶茂的问题。

首先的其次，是百姓人口。

令壮者无取老妇，令老者无取壮妻；女子十七不嫁，其父母有罪；丈夫二十不取，其父母有罪。将免者以告，公令医守之。生丈夫，二壶酒，一犬；生女子，二壶酒，一豚；生三人，公与之母；生二子，公与之饩。

"壮者无取老妇""老者无取壮妻"，既然这个要以法律的形式明确下来，那就说明这"老夫少妻、少夫老妻"的现象乃早有端倪。"女子十七必嫁""男子二十必娶"，这一系列的法律措施，无非都在为保证每对男女夫妻能够拥有尽可能长的生育年限。此外，政府还要给予产妇以特别的医疗照顾。当然，为鼓励生育并解决养育子女的经济问题，政府还专门拨款奖励和提供保障。值得关注的是，"生丈夫，二壶酒，一犬；生女子，二壶酒，一豚"。在中国人的传统里，似乎自古以来就是"重男轻女"的，然而，在勾践的人口政策里，这男女之别，只是"犬""豚"之别。这差别微乎其微，相反，若硬要分出个贵贱的话，细算起来，这"豚"总是要比"犬"来得贵重一些的。为何要"男女平等"，甚至是"重女轻男"？当然就是因为这是特殊时期了吧。战争年代，国难之时，爱情服务于婚姻，婚姻服务于生育，生育服务于法律，法律服务于国情，国情服务于君意。"一犬一豚"，男女关系五千年来所未有过的如此平等，竟在勾践政权时代昙花一现。为何？"蕃"之所需吧，女人比男人还重要啊。

勾践带领皇室家族乃至全国百姓，努力进行人口生产。这对于一个几乎亡国的国家来说，当然是头等大事。没有人，就没有一切。

其次，就是税负福利问题了。

当室者死，三年释其政；支子死，三月释其政；必哭泣葬埋之如其子。令孤子、寡妇、疾疹、贫病者，纳宦其子。

"政"，赋也，通"征"。如：苛政猛于虎。

家里死了"当室者"（嫡子）的，三年可以免交税赋；家里死了"支子"（庶子），三个月可以免交税赋。尽管这"嫡子"和"庶子"的待遇悬殊，竟然相差12倍之多，但无论怎样，免税，就是优待。减轻老百姓的税赋负担，就是给百姓民生最大的恩赐。不仅如此，还"必哭泣葬埋之如其子"，勾践要像死去了自己的儿子一样，前往哭泣，表示哀悼。

其三，就是教育和人才问题了。

其达士，洁其居，美其服，饱其食，而摩厉之于义。四方之士来者，必庙礼之。勾践载稻与脂于舟以行。国之孺子之游者，无不哺也，无不歠也：必问其名。

文段中有几处字词句，需要讲解一下。

"洁""美""饱"：使动用法。使其居所洁净，使其服饰华美，使其食物充足。

"摩厉"：通"磨砺"，切磋之意。

"庙礼之"：在庙堂上礼待他们。庙，名词用作状语。礼，名词活用为动词。

"国之孺子之游者"：即"国之游之孺子"，可视为定语后置句。

对于贤达之人才，政府要"洁其居，美其服，饱其食"，在满足了他们的物质要求之后，"摩厉之于义"，让他们钻研学问，切磋义理，以求上进。他们有居，有服，有食，衣食住行，就差配辆公车了，真让今之"达士"羡煞。对于国外投奔而来的人才，政府必须在庙堂之上给予礼待，以求通过高规格的礼遇，吸引外来人才。还有一些年轻的读书人，或许还没有什么大的名声，只是游历在外，求学在路上，勾践就亲自去寻访。划着小舟，载满粮食，去为他们提供生活的补给。当然，这一切都不是白给的，"必问其名"一句，暗示了勾践此举的良苦用意："养兵千日，用兵一时"，以免"人到用时找不着"。

最后，就是社会生产问题了。

非其身之所种则不食，非其夫人之所织则不衣。十年不收于国，民俱有三年之食。

勾践以身作则，率先垂范，身先士卒。身为君王，却能自食其力。君王都能通过自己的劳动，自给自足，那么，国家还要收税干什么呢？于是，越国干脆十年不向国民收税。如此一来，百姓们都积攒了足够三年使用的粮食。为什么要让百姓积攒粮食？当然是"备战备荒"了。不过，在这里，与其说是有备于灾荒年月，倒不如说就是为了"早晚一战"的需要。

勾践归国后，始终决心复国灭吴。所谓"身自耕作，夫人自织，食不加肉，衣不重采，折节下贤人，厚遇宾客，振贫吊死，与百姓同其劳"。争取民心，选贤纳谏，让文种治政，范蠡整军，建立招贤馆，礼遇收罗各方人才。改革内政，减轻刑罚，减免赋税，开垦荒地，发展生产，奖励生育，增加人口。在军事上，筑城立郭，修缮被战争破坏的都城，训练部队，厚赏严刑，扩充兵员。在对外政策上，奉行"结齐、亲楚、附晋、厚吴"的方针。不断送给夫差优厚的礼物，表示忠心臣服，以消除他对越国的戒备；送美女西施、郑旦给他，使他沉溺女色，分散精力；贿赂吴臣，争取他们的同情和帮助；并离间吴国内部，挑起其大臣不和；破坏吴国的经济，用高价收买吴国的粮食，使其内部粮价高涨，造成供应困难；采集良材，选派巧匠，送给夫差，促使其大兴土木，消耗人力、物力。上述措施，收效显著，壮大了自己，削弱了敌人，又争取了友邦。越国力量大为增强，发兵伐吴只是时机问题了。

这就是勾践的"十年生聚""十年教训"。繁殖人口，蓄积物力；军民同心同德，发愤图强，为洗刷耻辱做好了全面的准备。不过，要说以上准备工作是"全面"的，其实只说对了一部分。实际上，勾践在全心全力发展本国国力的同时，从来就没有忘记想方设法去削弱对手。正是这一涨一消之间，吴越的力量对比，迅速地发生了翻天覆地的变化。而那"消"的功劳，非绝世美女"西施"莫属。

西施，本名施夷光，春秋末期出生于浙江诸暨苎萝村。天生丽质，乃中国古代四大美女之首，是美的化身和代名词。"闭月羞花之貌，沉鱼落雁之容"中的"沉鱼"，讲的就是西施浣沙的经典传说。在国难当头之际，西施忍辱负重，答应以身许国，被越王勾践献给吴王夫差，成为吴王最宠爱的妃子，把吴王迷惑得众叛亲离，无心于国事，为勾践的东山再起起了重要的掩护作用。

另据《吴越春秋·勾践阴谋外传》记载，文种陈述破吴谋略，第四就是"遣美女以惑其心而乱其谋"，于是勾践"使相者索于国中，得苎萝山鬻薪之女曰西施、郑旦，饰以罗縠，教以容步，习于土城，临于都巷，三年学服而献于吴"。

据说，西施入吴宫之前，接受了三件任务：沉溺夫差于酒色之中，荒其国政；怂恿夫差对外用兵，耗其国力；离间夫差和伍子胥，去其忠臣。最后，西施圆满完成了她的"潜伏"使命。

话说回来，后人将吴国的灭亡，归咎于吴王荒淫，西施误国，又实在是一种愤愤之辞而已。还有人总结评选出了中国历史上的十大"祸水红颜"，除了春秋的西施之外，还有夏朝的妹喜，商代的妲己，周朝的褒姒，西汉的吕雉，三国的貂蝉，晋朝的贾南风，大唐的杨贵妃，明朝的客氏，晚清的慈禧。然而实际上，自古以来，历史的潮流从未因某个个人而逆转过，更何况区区一个弱女子呢？若硬是要将朝纲崩坏、山河破碎的罪过都加之于一个或几个女儿身，岂不冤枉？

因此，后人在凭吊西施的时候，也有人给出了公允的回答。比如：

《西施》（唐·罗隐）

家国兴亡自有时，吴人何苦怨西施。

西施若解倾吴国，越国亡来又是谁？

《西施滩》（唐·崔道融）

宰嚭亡吴国，西施陷恶名。

浣纱春水急，似有不平声。

是啊，那些被冠以"红颜祸水"的女子们，连"不平之声"都来不及抱怨，就被历史的车轮匆匆地碾压在荒野衰草之中。

难怪曹雪芹在凭吊西施的时候，写下了这样的诗句：

一代倾城逐浪花，吴宫空自忆儿家。

效颦莫笑东村女，头白溪边尚浣纱。

他说，西施有倾城的容貌，沉鱼的姿色，却不得不孤寂地住在远离家乡的深闭的吴宫，怀念着家乡的山水，怀念着家乡的一切。时人都只记得东施效颦的可笑，却没看到东施可以自由自在地活到老，仍然可以自在地在溪边浣纱，这不正是西施本来应该拥有的生活呀！

还好，后人在自己臆断的传说中，给西施安排了一段幸福的夕阳人生。

据东汉袁康的《越绝书》记载：

> 越乃饰美女西施、郑旦，使大夫种献之于吴王。吴王大悦。……灭吴之后，西施复归范蠡，同泛五湖而去。

在众人对于西施后来的人生结局怀有不同的猜想的时候，也有人认为历史上并无西施其人，"西施"之名，在先秦诸子著作中就已屡见不鲜，如《管子·小称》篇中就载有"毛嫱、西施，天下之美人也"。又据《庄子·齐物论》云："厉与西施，恢诡谲怪，道通为一。"因此，"西施"一词是古代对美女的艳称，并非专指某一个人，漂亮女子都可称为西施，如乐府中多处出现的"罗敷"一样。

其实，有了贪财好色的太宰嚭，有了同样贪财好色的夫差，至于这份美色是否来自西施，至于历史上有没有"西施"其人，就已经很不重要了。重要的是，自古以来，在国难当头之际，舍身为国的女子从来就不曾缺乏过。就好比自古以来，在国运昌盛时期，纵情女色而荒淫误国的君王，也从来就不曾缺乏过一样。正因为如此，"西施美人计"，就永远活在了人们的心中，也亦真亦假地活在了春秋历史里。

说回《勾践灭吴》。

> 国之父兄请曰："昔者夫差耻吾君于诸侯之国；今越国亦节矣，请报之！"勾践辞曰："昔者之战也，非二三子之罪也，寡人之罪也。如寡

人者，安与知耻？请姑无庸战！"

"国之父兄"，什么人？当然是与君同姓的王室本家了。在他们为报仇"雪耻"而主动请战的时候，勾践却婉言谢绝。他说："过去的败战，不是你们的过错，全是我的罪过。像我这样的人，哪里知道羞耻啊。还是不要打了吧。""国之父兄"的请战理由是充分的，哪有蒙受了国耻而不去报仇雪耻的呢？然而，勾践的谢绝理由，也似乎很妥当，我作为一国之君都没觉得羞耻，你们又哪来的"耻"需要"雪"呢？

然而，勾践嘴里的一个"姑"字，终究遮挡不住其心中的真意所在。"姑"，解释为"姑且""暂且"，这就为"无庸战"的命令口吻附着上了相当委婉的语气。如此听来，勾践的"无庸战"，就是"暂时的"了。

父兄又请曰："越四封之内，亲吾君也，犹父母也。子而思报父母之仇，臣而思报君之仇，其有敢不尽力者乎？请复战！"勾践既许之。

当"国之父兄"以又一个理由来请战的时候，勾践"既许之"。一个"既"字，带出了"立刻""马上""迫不及待"的意味。这是一个怎样的理由呢："其有敢不尽力者乎？"读到这里，你就明白了勾践为什么之前要说"请姑无庸战"了：他是还没看出"国之父兄"的决心，还没有看出"国之百姓"的决心。在没有得到确切的"民心所向"的汇报之前，勾践当然不愿轻举妄动。他深知，此次复仇，是绝无再"议和"的余地的，只许成功，不许失败。换句话说，在得知"民心所向"之后，勾践必须趁热打铁，一鼓作气，这样方能以弱胜强，方能完成复仇大业。

一"姑"，一"既"，足以显示勾践作为一名统治者的理性与稳妥。

乃致其众而誓之，曰："寡人闻古之贤君，不患其众之不足也，而患其志行之少耻也。今夫差衣水犀之甲者亿有三千，不患其志行之少耻也，而患其众之不足也。今寡人将助天灭之。吾不欲匹夫之勇也，欲其旅进旅退也。进则思赏，退则思刑；如此，则有常赏。进不用命，退则无耻；如此，则有常刑。"

"誓"，古代训诫将士的言辞，集将士而戒之曰"誓"，如《汤誓》《泰誓》《秦誓》等。勾践"致其众而誓之"，就是在复仇开战之前召开誓师动员大会。

勾践在他的演讲中，照例说了两个问题。

其一，"助天灭之"，师出有名。勾践说：我们是正义之师，我们挑起的战争，是一场正义的战争，所谓"替天行道"。为了表达越国的"正义"性，勾践打出了"替天行道"的天字旗号。他说，"古之贤君，不患其众之不足也，而患其志行之少耻也"，然而，夫差已经拥有了十万多士兵，还唯恐军队不足，如此不顾民生，穷兵黩武，正是违逆了天道，实乃昏君。

吴国的确是穷兵黩武的。吴王任用伍子胥和孙武，"立城郭，设守备，实仓廪，治兵库"，扩充军队，加强战备，制定了"西破强楚，北威齐晋，南服越人"的战略方针。吴王夫差为争夺霸权，一心企图北进，进攻中原，对其周边前后左右的齐国、晋国、鲁国、楚国、陈国、越国等，不断地发动大大小小的战争。

然而，"霸道"，是春秋战国时期统治者的主流价值。吴王夫差如此，又有哪位君王不如此？只要有几分实力，都无不为此而不遗余力。就说勾践自己，所谓"十年生聚十年教训"，不也是为了复仇吗？并且，一旦复仇成功之后，勾践挟着灭吴的余威横渡淮水，一路北上，一路攻伐，与诸侯会盟，终于成就了春秋最后一霸。所谓"助天灭之"，所谓"替天行道"，只是为出兵讨伐而随手拉扯过来的一张虎皮大旗而已。

其二，"常赏常刑"，严明军纪。

他说："吾不欲匹夫之勇也，欲其旅进旅退也。进则思赏，退则思刑；如此，则有常赏。进不用命，退则无耻；如此，则有常刑。"

读到这里，我总是觉得这是对当初"国之父兄"所汇报的"其有敢不尽力者乎"的绝妙讽刺。倘若当真如"国之父兄"所言，举国上下，已然同心同德，"子而思报父母之仇，臣而思报君之仇"，那么，还有人会在战场上"退"吗？还需要用"赏""刑"来严明军纪吗？当初"国之父兄"一而再，再而三地向勾践"请报之""请复战"，这种急切而坚定的复仇愿望，究竟是举国百姓的呢，还是只是"国之父兄"的呢？毕竟打起仗来，冲锋在前、马革裹尸的，还得是平民百姓啊。当然，军纪嘛，还是要的。

果行，国人皆劝。父勉其子，兄勉其弟，妇勉其夫，曰："孰是君也，而可无死乎？"

劝者，勉也，意为勉励，鼓励，劝勉。

待到正式出师讨伐的时候，越国上下，举国劝勉。"孰是君也，而可无死乎？"换成白话语言，意思是："这是一个怎样（贤德）的君主啊，（我们）能不为他去死吗？"

看来，勾践在"十年生聚"中所采取的一系列民生措施，尽管从终极目的上来说，是为了复仇称霸，为了战争的需要，但是，在客观上也确实起到了休养生息的功效，百姓感念这样一段安安稳稳的生活。自古以来，中国老百姓的生活要求就很低很低。只要能踏踏实实地活着，就可以；如果能活得安定一些，那就谢天谢地；倘若还能活得有点儿颜面，那就得谢主隆恩，甚至可以效命相报。这一点，鲁迅曾在《灯下漫笔》一文中做过总结：暂时做稳了奴隶的时代。

然而，尽管如此，我们的老百姓在五千年的历史中，不知为何还是怨声载道的时候要多得多。

有这样的民心，还有什么战争打不赢呢?

说到这场战争，有一个人物不得不提及，那就是著名的范蠡。

范蠡出身贫贱，但博学多才，与文种相识，相交甚深。因不满当时楚国政治黑暗（非贵族不得入仕）而一起投奔越国，辅佐越王勾践，帮助勾践兴越国，灭吴国，一雪会稽之耻，立下了汗马功劳。他的"强则戒骄逸，处安有备；弱则暗图强，待机而动；用兵善乘虚蹈隙，出奇制胜"的军事思想，不但是勾践灭吴的战略指导思想，也是后世军事家争相仿效的军事原则。

据《史记·越王勾践世家》记载：

范蠡事越王勾践，既苦身戮力，与勾践深谋二十余年，竟灭吴，报会稽之耻。北渡兵于淮以临齐、晋，号令中国，以尊周室。勾践以霸，而范蠡称上将军。

为人臣者，建功立业可能不是最难；最难的是功成名就之后，何以安身保命。

还反国，范蠡以为大名之下，难以久居，且勾践为人，可与同患，难与处安，为书辞勾践曰："臣闻主忧臣劳，主辱臣死。昔者君王辱于会稽，所以不死，为此事也。今既以雪耻，臣请从会稽之诛。"勾践曰："孤将与子分国而有之，不然，将加诛于子。"范蠡曰："君行令，臣行意。"乃装其轻宝珠玉，自与其私徒属乘舟浮海以行，终不反。

范蠡是一位真正的智者。他深知"大名之下，难以久居"，故功成立即隐退。范蠡曾遣人致书文种，谓"飞鸟尽，良弓藏；狡兔死，走狗烹。越王为人长项鸟喙，可与共患难，不可与共乐，子何不去？"居功自负的文种未能听从，不久果被勾践赐剑自杀。

范蠡浮海出齐，变姓名，耕于海畔，父子治产。居无几何，置产数十万。齐人闻其贤，以为相。范蠡喟然叹曰："居家则致千金，居官则至卿相，布衣之极也。久受尊名，不祥。"乃归相印，尽散其财，以分与知友乡党，间行以去，止于陶，自谓陶朱公。

传说范蠡携西施泛游于五湖之间，过着富足而幸福的生活。尽管这个传说未必真实，但至少表达了人们对于这对英雄美人的良好愿望。

是故败吴于囿，又败之没，又郊败之。遂灭吴。

在三两个简短的句子之后，吴国就灭亡了。

中国史书的传统就是这样，写战争，但不写战争本身，而着墨于战前战后。《春秋》如此，《左传》如此，《国语》也如此，之后的史书，大抵也都如此;就连《三国演义》《水浒传》这样以战争为题材的大部头小说，中国传统的战争题材的影视作品，也都不以战场厮杀的具体情节和场景来吸引读者和观众。倒是在一些武侠小说中，才可见到十几回合乃至几十回合的较量。这是中国史书和中国文学的智慧，不重武功，重在谋略；不重视觉冲击，而重在为后世的谋略家、统治者提供前车之鉴。

比如，从《勾践灭吴》中，我们就可以收获以下启示：

朝有佞臣，国之祸也。

得民心者，得天下。

纵使逆境，决不沉沦。

有志者，事竟成。

不可养虎为患，更不可放虎归山。

有话说的好：三十年河东，三十年河西。当年勾践低三下四向夫差求饶，如今来了个天翻地覆。

夫差行成，曰："寡人之师徒不足以辱君矣！请以金玉子女，赂君之辱！"勾践对曰："昔天以越予吴，而吴不受命；今天以吴予越，越可以无听天命而听君之令乎？吾请达王甬、句东，吾与君为二君乎！"夫差对曰："寡人礼先壹饭矣。君若不忘周室而为弊邑寰宇，亦寡人之愿也。君若曰：'吾将残汝社稷，灭汝宗庙'，寡人请死！余何面目以视于天下乎？越君其次也！"遂灭吴。

要说"养虎为患"究竟会有怎样的祸害，勾践当然是最清楚的。所以，当夫差效仿当年的自己前来求和的时候，勾践断然拒绝了。他说，除非我把你送到"甬江句章以东"（大海里），我才可能和你同为君王。

即使夫差拿出当年饶过勾践的恩德来试图感动勾践，勾践也没有以德报德，而是"残汝社稷，灭汝宗庙"。

勾践最终得以报仇雪耻。并且，这一切，居然尽在掌握。

据说当初勾践选得文种辅佐，"执其手与之谋"的时候，文种就为勾践定下了治国之道及复仇策略。

治国之道为"爱民"二字：利之无害，成之无败，生之无杀，与之无夺，乐之无苦，喜之无怒。

利之无害，就是不夺民众之所好，让他们得利；成之无败，就是不误民众之农时，让他们有所收获；生之无杀，就是减少繁密的刑法，让民得以生存；与之无夺，就是要减轻税赋，不与民争利，不但要减轻税赋，而且要减轻徭役，少建些豪华的宫殿别墅，让民众得以休养生息。君王能安静无为而不横征暴敛、苛刻民众，民众才能快乐，且无怨言。

文种的治国之道，在"十年生聚十年教训"中，执行得毫无偏差。

还有他的伐吴九术：

一曰尊天地，事鬼神；二曰重财帛，以遗其君；三曰贵籴粟缟，以空其邦；四曰遗之美好，以为劳其志；五曰遗之巧匠，使起宫室高台，尽其财，疲其力；六曰遗其谀臣，使之易伐；七曰强其谏臣，使之自杀；八曰邦家富而备器；九曰坚厉甲兵，以承其弊。

一是冀求神灵保佑，令越王及百姓皆有必胜之心；二是送金钱财物，以取悦吴国君臣；三是高价买进吴国的粟米，以减少吴国的积粮；四是多送美女，以消磨敌人的斗志；五是把能工巧匠和优良的木材送去帮他们多建宫殿，以削弱吴国的财力；六是派能言善辩的人去给夫差君臣拍马屁，并花言巧语扰乱他们的决策；七是设法使规劝夫差仇视提防越国的谏臣自杀，以除掉吴王的臂膀；八是使国家人民都富裕，并准备好战争物资；九是训练军队，等待敌人露出破绽，乘机进攻。

文种的伐吴九术，实在是严密得没有丝毫破绽，步步推进，万无一失。

文种太聪明了，乃至于复仇成功且中原称霸后的勾践对此耿耿于怀。

人或谗文种且作乱。越王乃赐文种属镂之剑，曰："子有阴谋兵法，倾敌取国。九术之策，今用三已破强吴，其六尚在子所，愿幸以余术为孤前王于地下谋吴之前人。"种遂伏剑。

据传，文种自杀的宝剑，正是当年吴王夫差赐予伍子胥自裁的那把绝世宝剑。文种步伍子胥后尘而去，这说明了古来中国历代屡试不爽的一个真理：为人臣者最忌"功高震主"，切记"功成隐退"。因为自古迄今为人君者多属"可共患难，不可共富贵"的忘恩负义之辈，若不及时抽身，自不免如子胥、文种。文种、范蠡的不同命运，日后果为汉初韩信、张良所分别承继。

以上，就是《国语》中所记载的"勾践灭吴"的全部。

我们抛开历史的是是非非不说，单就勾践在灭吴过程中所表现出来的英雄气概，是足以激励我们后人奋勇前行的。

有一副名联，说得最好：

有志者，事竟成，破釜沉舟，百二秦关终属楚。
苦心人，天不负，卧薪尝胆，三千越甲可吞吴。

让我们从"三千越甲竟吞吴"的典故中，记住"卧薪尝胆"，记住"有志者，事竟成"。

音 频 版 入 口

鸿门遗梦英雄在
——读《史记·鸿门宴》

今天，我们将一起阅读的是《史记》中的另一名篇《鸿门宴》，一个我们耳熟能详的历史故事。本文选自《史记·项羽本纪》，我给这一讲的标题取作"鸿门遗梦英雄在"。

翻开《现代汉语词典》，词条"鸿门宴"的解释为：比喻不怀好意或欲加害客人的宴请。

记得曾看过一部著名的电视剧《封神演义》，里边好像有这样一句台词："请我吃饭？该不是请我赴'鸿门宴'吧。"听到此句的时候，我一面感叹编剧对"鸿门宴"一词的使用完全正确，一面又为编剧的历史常识感到不可思议。《封神演义》中的"武王伐纣"结束整整八百年之后的某一天，项羽方才在一个叫做新丰鸿门的地方宴请刘邦，这才留下了一个叫做"鸿门宴"的代名词。

这权当一个笑料，笑完就罢，毕竟人家是在"演义"嘛，不必太当真。而我们的语文课，既然是学习，那还是要当一当真的。

公元前206年，秦朝都城咸阳郊外的新丰鸿门，秦末起义军首领之一的项羽，宴请另一友军首领刘邦，是为"鸿门宴"。这场宴会成了名垂千古的著名宴会，倒不仅仅只是因为宴会上暗藏杀机，更是因为与会的每个人心中都各怀各的心思。

项羽，刘邦，秦末农民起义大潮中涌现出来的两位杰出的起义军领袖，是我们都非常熟悉的历史人物了。

项羽（公元前232年—公元前202年），名籍，字羽，项燕之孙，楚国贵族，中国古代杰出的军事家及著名的政治人物，中国军事思想"勇战"派的代表，秦末起义军领袖。大泽乡起义不久，项羽在会稽郡斩杀郡守后崛起，举兵反秦，在"巨鹿之战"中大破秦军主力，率军入关灭秦，威震海内。秦亡后自立为"西楚霸王"，统治黄河及长江下游的梁、楚九郡。后在楚汉战争中为汉王刘邦所败，在乌江自刎身亡。项羽的勇武古今无双（古人对其有"羽之神勇，千古无二"的评价），他是中华数千年历史上最为勇猛的将领，"霸王"一词，就专指项羽。他的出现，为中国的历史掀起了一场风云，写下了一段不朽的神话。

《史记·项羽本纪》中记载：

项籍少时，学书不成，去；学剑，又不成，项梁怒之。籍曰："书足以记名姓而已。剑一人敌，不足学，学万人敌。"于是项梁乃教籍兵法，籍大喜，略知其意，又不肯竟学。

项梁杀人，与籍避仇于吴中，吴中贤士大夫皆出项梁下。每吴中有大徭役及丧，项梁常为主办，阴以兵法部勒宾客及子弟，以是知其能。

秦始皇帝游会稽，渡浙江，梁与籍俱观。籍曰："彼可取而代也。"梁掩其口，曰："毋妄言，族矣！"梁以此奇籍。籍长八尺余，力能扛鼎，才气过人，虽吴中子弟，皆已惮籍矣。

刘邦（公元前256年—公元前195年），字季，沛郡丰邑人。出身平民，秦时曾任亭长，大泽乡起义不久，起事于沛，举兵反秦，人称沛公，灭秦后被封为汉王。后于楚汉战争中打败项羽，成为汉朝开国皇帝，是为汉高祖。他是汉民族和汉文化的伟大的开拓者之一，是我国历史上杰出的政治家、卓越的军事家和指挥家。他对中国的统一和强大，汉文化的保护和发扬，具有决定性的贡献。

尽管后世以来很多人对于刘邦战胜了项羽，感到愤愤不平，总觉得一个文不能文，武不能武，还有点儿地痞流氓习气的小小亭长，硬是将一位叱咤风云的英雄才俊逼到乌江之畔，逼到人生绝路，实在是难以接受。

殊不知，和项羽的"取而代之"的鸿鹄之志一样，刘邦也曾是有志少年。《史记·汉高祖本纪》中记载：

高祖常繇咸阳，纵观，观秦皇帝，喟然太息曰："嗟乎，大丈夫当如此也！"

殊不知，西方有人这样评价刘邦："人类历史上最有远见、对后世影响最大的两位政治人物，一位是开创罗马帝国的恺撒，另一位便是创建大汉文明的汉高祖刘邦。恺撒未能目睹罗马帝国的建立以及文明的兴起，便不幸遇刺身亡，而刘邦却亲手缔造了一个昌盛的时期，并以其极富远见的领导才能，为人类历史开创了新纪元！"

毛泽东说："刘邦是封建皇帝里面最厉害的一个。"

刘邦是汉族族名的开创者，经过他的开创以及其后世子孙皇帝的进一步开拓发展，汉族成为中华民族主体的族名，汉人成为中国人的代称，汉语成为中国语言的代称，汉字成为中国文字的代称，汉学也成为研究中国文化的学问的代称，就连汉服，都成了现代中国人复兴国学的具体象征之一。

历史终究抛弃了"霸王"项羽，选取了"无赖"刘邦。"问苍茫大地，谁主沉浮？"历时四年多的"楚汉之争"，就是历史在这一抛一取之间的艰难选择。其间，自然有过太多的故事，太多的博弈，引得后人唏嘘感慨。"楚汉之争"的第一页，就是我们今天要一起来阅读的"鸿门宴"。

沛公军霸上，未得与项羽相见。沛公左司马曹无伤使人言于项羽曰："沛公欲王关中，使子婴为相，珍宝尽有之。"项羽大怒曰："旦日飨士卒，为击破沛公军！"当是时，项羽兵四十万，在新丰鸿门；沛公兵十万，在霸上。范增说项羽曰："沛公居山东时，贪于财货，好美姬。今入关，财物无所取，妇女无所幸，此其志不在小。吾令人望其气，皆为龙虎，成五彩，此天子气也。急击勿失！"

先说几个字词。

"军"。会意字，金文字形，从车，从勹（bāo），表示用车子周遭圈围的意思。古代打仗主要靠车战，军队驻扎时，用战车围起来形成营垒，以防敌人袭击，此乃"军"之动词本义，相当于现代汉语所谓的"驻扎"。至于现代汉语中常将"军"字理解为名词性的"军队"之义，反倒属于词义及词性的演变现象。所以，"沛公军霸上"一句中"军"字，当以其本义"驻扎"（动词）来做解释，而不必取某些参考书上所认为的"名词活用做动词"。

"左司马"。"司马"是古代的军官，执掌军政，分左右司马。如此看来，曹无伤的职位不低，相当于军队中的副总司令。如此高级官员，为何要出卖主人？并且，《史记》的记载中还有一段我们熟知的细节，所谓的"约法三章"："与父老约，法三章耳：杀人者死，伤人及盗抵罪。"如此看来，沛公在先入关中的两个月的时间里，不像是曹无伤所说的那样的啊。实际上，此时的刘邦和项羽，还未呈敌对状态，至少从名义上说，还是友军关系呢。是曹无伤企图投奔当时实力更强的项羽而进行的诬陷？还是刘邦的暗中所为让曹无伤实在看不过去？我们无从知晓。

"王"。"沛公欲王关中"一句中的"王"字，有人主张解释为"统治"，全句意为"沛公想统治关中"。句意是通顺的，但是，区区"关中"之地，哪能见得刘邦豪夺天下之野心？也不可能惹得项羽勃然大怒吧。还是解释为"称王"更好，全句译为"沛公打算在关中称王"。当然，不管是解释为"统治"还是"称王"，都是将"王"理解为动词，其读音也需读作去声wàng了。

"飨"。飨者，乡人饮酒也。设盛宴款待宾客，谓之"飨"。"旦日飨士卒"一句中，"飨"字特指"用酒肉犒劳"军士。

"山东"。"山东"所指，古今异义。先秦时指崤山以东地区，又称"关东"（函谷关以东），指秦以外的"六国"地区。现代指省级行政区划"山东省"。

"气"。此处之"气"，当为"云气"，此乃古代迷信说法，"龙起生云，虎啸生风"，所谓"云龙风虎"。又说真龙天子所产生的地方，天空中会有异样的云气，当然，这只有精通占卜的人才能够看得出。

以上是对几个字词意思的辨释，无关太多的文意。

都说《史记》乃"史家之绝唱，无韵之离骚"。教学的时候，我问学生是否从本段中感觉到了一个特别的字，此字若无，全不伤句意；但是，因了此字，该句意蕴颇深，耐人寻味？

有。开篇就是。

"沛公军霸上，未得与项羽相见"一句中，一"得"字，意为"能够"，却尽显其妙。

沛公先破秦入关，这是不争的事实。沛公入关之初，项羽尚在关外，这也是不争的事实。"当是时"，无论是新丰鸿门的项羽，还是霸上的刘邦，都已入关身在关中，这也是不争的事实。先到的沛公，和后来的项羽，虽同在关中，但未见面，究竟是客观上还来不及见面，还是主观上不愿意见面？是仗着军队优势的项羽等着沛公前来会面，还是仗着当年的约定认为自己必将称王的沛公等着项羽前来拜见？不知道。总之，就是没见。于是，司马迁用"未得"，意为"沛公没能够与项羽相见"，如此一来，将二者的主观原因一概抹杀，只留下一个客观事实，任读者评说。要知道，"未得与项羽相见"，和"未与项羽相见"，那可大不一样哦。

曹无伤的告密之言是："沛公欲王关中，使子婴为相，珍宝尽有之。"此话如果颠倒一下顺序，说成"沛公使子婴为相，珍宝尽有之，恐其欲王关中"，可能更好理解一些。"使子婴为相"，是占有了政权；"珍宝尽有之"，是占领了财权，是为进一步独霸天下做好了前期准备。倘若曹无伤之言的确属实，那么，沛公之野心，路人皆知。难怪项羽一听，火冒三丈，即刻准备对沛公这位曾经的友军兄弟发动围剿。范增也在一旁趁势帮腔，说沛公近来一改往日的贪财好色的无赖作风，变得不爱美人而只爱江山了。况且，沛公这人，头顶有天子云气，倘不行征伐，日后必成天子。

范增这话其实是自相矛盾的。如果你相信"云气"说，那么，既然沛公头顶有"龙虎七彩"，那就是上天要赐予人家天子之位，又怎能是你阻拦得了的呢？如果你不相信这一套，那么，你又为何派人去查看人家头顶是否有"天子"云气呢？再说了，你范增是什么时候派人去看的？此举又用意何在？

想一想，还真很有意思。

然而，不管怎么样，总之，是沛公将曾经的友人项羽给大大地得罪了，将后来的霸王给大大地惹怒了，惹来了杀身之祸。

开篇情节，我用一副对联来概括描述，可谓：

项羽听细说志在必夺

范增添游说箭在弦上

我是相信刘邦是有"天子云气"的，要不然，每当大难临头，他怎么都能逢凶化吉呢？这次也一样。不是他比项羽更能征善战，不是他比项羽更老谋深算，而是他在对方阵营里培养起来的"自己人"，比项羽的曹无伤更加可靠。比如，项伯。

楚左尹项伯者，项羽季父也，素善留侯张良。张良是时从沛公，项伯乃夜驰之沛公军，私见张良，具告以事，欲呼张良与俱去，曰："毋从俱死也。"

项伯者，项羽季父也。作为叔父，为何通敌卖主？这个话题，似乎成了千古之谜。有人说项伯是贪图个人利益，有人说项伯是为报救命之恩，也有人说项伯是认为此时不宜攻打刘邦而故意泄密……当然，这都属于历史要探讨的话题，我们就语文的角度，可以忽略这个问题。

很多语文老师都喜欢用这个段落来讲解文言文的句式、实词、虚词、活用等，这确实是个好材料。请看：

"楚左尹项伯者，项羽季父也。"这是一个以"……者，……也"结构为标志的典型的文言判断句式，此处判断"项伯"的身份。

"素善留侯张良。"素，向来。善，对……友好，此处为形容词活用为动词。

"张良是时从沛公，项伯乃夜驰之沛公军。"乃，于是，表示承接关系的连词。夜，连夜，这里是名词用作状语。之，到，往，这里取其动词义。军，军营。

"具告以事。"这是一个倒装句，其逻辑语序应为"以事具告"，意为"把事情详细地告诉（他）"。

"欲呼张良与俱去，曰：'毋从俱死也。'"这是一个有多处省略内容的句子，补全起来，应如是："欲呼张良与之（他，指项伯）俱去，曰：'毋从之（他，指沛公）俱死也。'"

张良曰："臣为韩王送沛公，沛公今事有急，亡去不义，不可不语。"良乃入，具告沛公。

项伯此番连夜告密，其初衷究竟只是想解救这位救命恩人张良，还是想解救整个沛公军队？张良把这个机密转告给了沛公，究竟符不符合项伯的意愿？历史学家们各有各的看法。光从文章来看，项伯并未对张良转告沛公一事表示任何反对，那么，即便是有违其初衷，也不至于十分的不情愿。

沛公大惊，曰："为之奈何？"张良曰："谁为大王为此计者？"曰："鲰生说我曰：'距关，毋内诸侯，秦地可尽王也。'故听之。"良曰："料大王士卒足以当项王乎？"沛公默然，曰："固不如也。且为之奈何？"
张良曰："请往谓项伯，言沛公不敢背项王也。"

本段中有两个通假字：距，通"拒"，把守之意；内，通"纳"，接
纳之意。有人将"当"说成"挡"的通假字，这是大错特错，因为"当"
本身就有"抵挡"的意思，所谓"一夫当关，万夫莫开""独当一面""以
一当十""螳臂当车"等。

"沛公大惊"，惊慌失措。可沛公所惊何事？猜想有二：

其一，我"欲王关中"没错，可刚刚入关的项羽是怎么知道的？我
虽然早就料到了项羽必定会前来讨伐，此战不可避免，但没想到竟然会
来得这么快。怎么办？此"惊"，不出情理，出乎意料。

其二，我怎么就"欲王关中"了？真是冤枉啊。是谁这般陷害我，
害得项羽兴兵来伐。那怎么办？此"惊"，出乎意料，更不在情理。

究竟是哪一"惊"，请看下文。

在回答沛公"为之奈何"的问题的时候，张良反问了一句："谁替
您出此计策了？"此处之"计"，当然是指"王关中"之计。张良不问此
计是否当真，而直接问谁的主意，自然是肯定了此计之确实，无需多问；
此外，这么重大的决策，自己竟然不知道，也或多或少、若有若无地发
泄了一下自己心中的不满。张良不问沛公是否真有此计，而问是谁出的
馊主意，这是在给沛公一个台阶，一个面子。沛公也很聪明地顺着张良
的台阶就往下走，说："还不是那些无知小人！"可是，"距关""毋内诸
侯""尽王秦地"，如此重大的政治决策，怎能是无知小人三言两语一怂恿，
沛公就会全盘照办的呢？纵然是因他人建议起了如此念头，那也是经过
了深思熟虑之后才付诸行动的啊。

因此，沛公大惊，所惊何事？定为"其一"：这一天迟早是要来的，就是未料到来得如此之快。快到不等我收获更多的民心，不等我壮大我的军队，不等我做好一切战争准备。因此，在面对张良的第二问"料大王士卒足以当项王乎"时，沛公默然，半天吐出几个字"固不如也"。在沛公惊慌失措的时候，张良献计：主动谢罪，化解"误会"，求得宽恕。

沛公曰："君安与项伯有故？"张良曰："秦时与臣游，项伯杀人，臣活之；今事有急，故幸来告良。"沛公曰："孰与君少长？"良曰："长于臣。"沛公曰："君为我呼入，吾得兄事之。"张良出，要项伯。

看来张良入见沛公"具告以事"的时候，并未挑明此消息的来源，要不然，沛公早该问"君安与项伯有故"以求证消息的可靠性了。这也算是对项伯和对自己的一种本能的保护吧，毕竟和对手之间有丝丝缕缕的联系，在主子的眼里并非什么好事儿。

张良回答时所说的这句话"秦时与臣游，项伯杀人，臣活之；今事有急，故幸来告良"，也是讲解文言现象时常用作例句的。比如，"游"，指"游历"，和现在所说的"游玩"不同；活，典型的使动用法，"臣活之"，翻译为"我使他活了下来"；"幸"，表敬副词，表明对方的行为使自己感到幸运，相当于"特地"。此外，沛公所言"吾得兄事之"中的"兄"，是名词用作状语，解释为"像对待兄长一样"（有人错误地将其简单翻译为"像兄长一样"，要知道，这可是两种截然不同的态度哦）。

在"主动谢罪，化解'误会'，求得宽恕"的既定方针下，项伯就成了沛公的救命稻草，毕竟，这"误会"不是自己辩解两句就可以化解得了的。于是，沛公急急地用接待兄长的礼遇，会见项伯。

项伯即入见沛公。沛公奉卮酒为寿，约为婚姻，曰："吾入关，秋豪不敢有所近，籍吏民，封府库，而待将军。所以遣将守关者，备他盗之出入与非常也。日夜望将军至，岂敢反乎！愿伯具言臣之不敢倍德也。"项伯许诺，谓沛公曰："旦日不可不蚤自来谢项王。"沛公曰："诺。"

兄弟情谊还不够放心，得是亲家才行，将利益的链条栓在双方子女的身上，才觉得心里头踏实。

沛公的话里，包含了几个意思：

第一，我并没有像项王得知的那样"使子婴为相，珍宝尽有之"，不仅如此，我连"秋毫"都"不敢有所近"。至于我所做的"籍吏民、封府库"之类的事情，完全是为了迎接项王的到来而提前做一些准备工作。

第二，我的确派遣了军队把守关隘，但这并不是我要占关中自称王，而是防备别的盗贼进进出出，同时，秦军刚破，流兵尚存，也是有备无患，以防万一，以备不测。

第三，尽管我先入关，照理我应该顺理成章地称王。但是，我总觉得这秦王朝是我和项王两个人共同推翻的，我怎么忍心一个人擅自称王呢？我始终盼着项王早日进得关来，共商国是。

不知道项伯是否相信了沛公的话，应该是笃信不疑的吧。

于是项伯复夜去，至军中，具以沛公言报项王，因言曰："沛公不先破关中，公岂敢入乎？今人有大功而击之，不义也。不如因善遇之。"项王许诺。

此段中两个"因"字，我以为都须解释为"趁机"。项伯"具以沛公言报项王"，是要向项王转达沛公的意思，却并未就此打住，而是趁"汇报"之机，又表达了一点自己的意思，来替沛公美言。此处"因言曰"之"因"，当为"趁机"，而非很多参考书所言"于是，表承接关系"。"不如因善遇之"中的"因"做"趁机"讲，这个比较好理解。

不知为什么，当项王细心聆听完项伯"具以沛公言"时，不仅只字不问他为何要夜访沛公，而且不假思索地答应了项伯的建议。有人就此说项羽无政治之才且有妇人之仁，似乎并不为过。

还记得开头讲到项羽和刘邦的介绍的时候，不知各位是否注意到一个细节。

"项羽……中国古代著名的政治人物……"

"刘邦……我国历史上杰出的政治家……"

同为在政坛驰骋的人，刘邦被誉为"杰出的政治家"，而项羽，充其量只是一个"著名的政治人物"。殊不知，成功可著名，失败也可著名；杰出可著名，昏庸也是可著名的呀。更何况，项羽是军事起家的，而刘邦呢，还真是靠政治发了迹。

沛公旦日从百余骑来见项王。至鸿门，谢曰："臣与将军戮力而攻秦，将军战河北，臣战河南，然不自意能先入关破秦，得复见将军于此。今者有小人之言，令将军与臣有郤。"项王曰："此沛公左司马曹无伤言之；不然，籍何以至此？"

按照既定方针，沛公果然于第二日一早前往鸿门，当面向项羽谢罪。

细分析一下沛公的谢罪之辞：

臣与将军戮力而攻秦，将军战河北，臣战河南，然不自意能先入关破秦，得复见将军于此。今者有小人之言，令将军与臣有郤。

沛公的话，乍听上去会让项羽感觉很爽，而细想起来，也会让项羽很羞。此话依旧有三个意思：

第一，我们合力攻打秦军，你战河北，我战河南。（请你别忘了，别以为秦军是你消灭的，我们的功劳是对等的，军功章里理应有我的一半。）

第二，我也觉得奇怪，我竟然能先打败秦军攻入关中。（言外之意，更奇怪的是，你有那么庞大的军队，为何来得这么晚呀？与其说我有幸在这里见到你，倒不如说是你侥幸，能入得关来在此见到我啊。）

第三，如今我们之间可能有些误会，但我知道这不是你的本意，一定是因奸佞小人谗言所致。（我先入关来，没追究你的责任，你却听信小人谗言，挑起了内讧。）

我想，项羽听完刘邦的谢罪之辞，一定是既美又羞的，这不，他立刻心情舒畅，并且赶紧给自己找了个台阶："此沛公左司马曹无伤言之；不然，籍何以至此？"

刘邦委屈一时的谢罪之辞，不仅圆满达成了"既定方针"的预定目的，而且，还赢来了一个意外的收获：发现了通敌卖主的泄密者，得来全不费工夫。

都说大丈夫要能屈能伸，因为很多事情，很多目标，往往需要"屈"方可得，往往"屈"更易得。刘邦鸿门谢罪，就是很好的例证。项羽供出曹无伤的时候，大概是无心无意的；而刘邦听到曹无伤的名字时，一定是刻骨铭心咬牙切齿耿耿于怀的吧。

面对刘邦的"诚挚"谢罪，昨天还勃然大怒的项羽，怎么也怒不起来了。不仅没有因怒气冲昏头脑，他还清晰地想起了昨晚项伯那句似乎并不大经心的建议："沛公不先破关中，公岂敢入乎？今人有大功而击之，不义也。不如因善遇之。"于是，项王在这样的心情中，在鸿门军帐内，设下了千古之宴。

同样用一副对联来概括这部分情节，可谓：

念旧情守忠义张良传密报沛公鸿门谢罪

约婚姻巧掩饰项伯成说客项王设宴善遇

究竟是怎样的一场惊心动魄，我们就走进这场千古之宴，一起去看一看。

项王即日因留沛公与饮。项王、项伯东向坐，亚父南向坐。亚父者，范增也。沛公北向坐，张良西向侍。

在习惯了圆桌吃饭的当今社会，对于各位在家吃饭大抵不太讲究长幼尊卑、有序落座的同学们来说，很有必要说说这吃饭的座次究竟有什么样的讲究。

著名作家汪曾祺有篇文章叫《胡同文化》，其中有一个段落：

北京城像一块大豆腐，四方四正。城里有大街，有胡同。大街、胡同都是正南正北，正东正西。北京人的方位意识极强。过去拉洋车的，逢转弯处都高叫一声"东去！""西去！"以防碰着行人。老两口睡觉，老太太嫌老头子挤着她了，说"你往南边去一点"。

现如今，且不说你可能生活在一座毫不规则的山城里，即便你就是和我一样居住在方方正正的北京城里，单元门一关，几道楼梯一转，三五个弯一拐，进得门去，里屋外屋一串，你还分得清你家哪边是北，哪边是东吗？因此，想听懂这座次礼数，请先在你自己的家里，找到"北"来。

至尊者，当坐北朝南。所以，历来君王都面南而坐，宫殿都面南而建，百姓民居也讲究个南北通透。因此，鸿门宴中地位最高的当属范增，这坐北朝南的座位，自然非他莫属。

相反，坐南朝北，就是仆位、臣位，是四方中最卑微的座次。沛公乃登门谢罪之人，那就对不起了，请就此座。

主人，向东而坐（至尊者之右侧）。东方是太阳升起的地方，项羽当之，再合适不过了；当然，还得带上项伯。

客人，当然就西向坐了。鸿门宴中没有其他客人，所以，此座空缺。尽管原文中有"张良西向侍"，但毕竟不是坐在西向的座位上，而是作为随从，站（亦或是坐）在沛公身边陪侍而已。

嗯，现在，如果你家餐桌是方的，如果你家还能找到北的话，你该知道怎么安排座位了吧？

项羽在鸿门宴上的座位安排，当然是有用意的。沛公对于自己所遭遇的委屈，没有丝毫的怨言怨色。相反，项羽的盛气凌人，项羽的目空一切，却显露得淋漓尽致。当然，也正因为这份极度的自负，项羽才不像范增那样觉得刘邦会对自己构成致命的威胁，才不像范增那样急于用如此卑鄙的手段解决眼前这个潜在的祸患；这，正好成全了刘邦。

范增数目项王，举所佩玉玦以示之者三，项王默然不应。范增起，出，召项庄，谓曰："君王为人不忍。若入前为寿，寿毕，请以剑舞，因击沛公于坐，杀之。不者，若属皆且为所虏。"庄则入为寿。寿毕，曰："君王与沛公饮，军中无以为乐，请以剑舞。"项王曰："诺。"项庄拔剑起舞，项伯亦拔剑起舞，常以身翼蔽沛公，庄不得击。

《史记》记载"鸿门宴"，没有一句客套，直接就以万分紧张的气氛拉开帷幕。可谓：

范增奉玉玦项王默然不应杀气腾腾

项庄拔剑舞项伯以身翼蔽形势危急

本段中需要注解几个词语：

玦——《说文解字》：玦，玉佩也，如環而缺。《康熙字典》：逐臣待命于境，赐环则返，赐玦则绝。因此，古代常用以玦赠人表示决绝。这不，范增冲着项王举起"玉玦"，其意就是提醒项王，机不可失，当决必决。

三——中国传统文化中，常以"三"为"众"。如"三思而行""三缄其口""三人成虎"等，都是以三为多。此处说范增"举所佩玉玦以示之者三"，意思是说范增多次对项羽进行暗示。

忍——《说文解字》："忍"之义兼"行""止"。如敢于杀人谓之忍，俗所谓"残忍"也；能够不杀人亦谓之忍，俗所谓"忍耐"也。如："先王有不忍人之心，斯有不忍人之政矣"，"忍"字取"残忍"义；"是可忍，孰不可忍"，"忍"字则取"忍耐"义。本段中范增说项羽"为人不忍"，其"忍"字，应是"残忍"义。

范增的"目项王""举玉玦"，和项王的"默然不应"之间，形成了一股暗暗对峙的力量。一而再，再而三，范增的耐心到达了极限。于是，范增只好将解决刘邦的使命，寄希望于项庄（这项庄乃何许人？据载，项庄乃项羽弟弟，有人说是亲弟弟，也有人说是堂弟，总之是兄弟关系。项庄作为项羽麾下的一员武将，始终追随项羽南征北战，最后战死乌江）。

《史记》用于项庄的笔墨极少，在《鸿门宴》这一章节上，项庄难得被安排了一个正面出场亮相的机会，并且，这一亮相，就是要刺王，使命很重。照常理说，一代武将要刺杀一个近在咫尺且手无寸铁的刘邦，应该是手到擒来、万无一失的事情。然而，偏偏有个项伯在场。

对于这个在此之前就已经出场亮过相的"项伯"，我们还是需要好好补充介绍一下。

项伯，项羽最小的叔父。早年曾杀了人，跟随韩公子张良避祸（因此有张良那句"项伯杀人，臣活之"之说）。项羽统兵后，他任左尹，随项羽一起进入关中。在项羽一怒之下要兴兵讨伐刘邦的时候，是项羽提前向刘邦泄了密，也可以说正是有了项伯的编剧和导演，才有了后来的"鸿门宴"。

当项庄拔剑起舞的时候，项伯看出了项庄的用意，当然也就看出了范增的心思。于是，项伯也拔剑起舞，并"常以身翼蔽沛公"。说的是项伯有意用自己的身体，来掩护刘邦，使得项庄无机可乘。

所以，项庄的刺王使命，未能如愿。这一定让范增大失所望；而项伯的有意掩护，想必更会让范增恨得咬牙切齿。也许是"聪明反被聪明误"吧，被尊为亚父的范增，不仅后来反遭项羽猜忌而辞官故里，病死途中，而且很快便湮没在了历史的风尘之下。相反，始终似乎是作为小人物而存在的项庄，却因为成语"项庄舞剑，意在沛公"的日渐流传直至家喻户晓，而万古留名。范增的政治失败，成就了一个文学项庄。

暂且搁下范增一方不提，且看刘邦一方。

于是张良至军门见樊哙。樊哙曰："今日之事何如？"良曰："甚急！今者项庄拔剑舞，其意常在沛公也。"哙曰："此迫矣！臣请入，与之同命。"哙即带剑拥盾入军门。交戟之卫士欲止不内，樊哙侧其盾以撞，卫士仆地，哙遂入，披帷西向立，瞋目视项王，头发上指，目眦尽裂。项王按剑而跽曰："客何为者？"张良曰："沛公之参乘樊哙者也。"

项庄舞剑，当然不是只有项伯看出其"意在沛公"，张良也看出来了，或者说，人人都看得出来。要不是因为手无缚鸡之力，我想，张良可能也会挺身而出，去"以身翼蔽沛公"，以示忠臣护驾。可惜，张良只有求救于樊哙。

樊哙何许人？楚汉时期，仅次于项羽的第二猛将。

樊哙勇闯虎穴，替其主人刘邦大大地增了声势，壮了胆气。樊哙与刘邦既有君臣之道义，又有亲戚之情份。当他得知"项庄拔剑起舞，其意常在沛公"时，便不假思索请命："此迫矣！臣请入，与之同命！"紧急形势下的奋不顾身显出他的耿耿忠心。

且看樊哙闯帐一节的描写。

"即带剑拥盾入军门"的樊哙，自然遭遇了"交戟之卫士"的拦阻。而樊哙根本不加理会，"侧其盾以撞，卫士仆地"，就进入到了军帐之中。

我们来分析一个虚词，即"侧其盾以撞"一句中的"以"字。在我备课和上课的时候，有老师也有同学都认为，此句中的"以"字应该理解为一个表示目的关系或是承接关系的连词，分别翻译为"侧过他的盾牌来撞他们"和"侧过他的盾牌，而后撞向他们"。我觉得，假如只考虑句面意思，这两种理解都可以。但是，倘若要着力表现出樊哙之勇猛，我倒觉得这个"以"字理解成表示修饰关系的连词，更为妥当，"侧其盾"，只不过是樊哙"撞"的一个方式而已，也就是说，樊哙将盾牌顺手一侧，两边的"交戟之卫士"就纷纷"仆地"了，撞得轻轻松松，易如侧盾。

不管怎样，这种不顾戒备森严、刀剑如林的危险，义无反顾、勇往直前、直闯军帐的举动，成就了樊哙的英雄形象。他的英雄形象，尤其是"瞋目视项王，头发上指，目眦尽裂"的怒夫形象，让人不禁想起后世三国时代的张飞风范。樊哙"怒发冲冠"，吓得西楚霸王"按剑而跽"；张飞在长坂坡上一声怒吼，吓退了曹操百万大军。

何谓"跽"？跽者，长跪也。"见所敬忌，不敢自安也。"如《战国策》中有言："秦王跽曰：'先生不幸教寡人乎。'"此处之"跽"，意在表示恭敬。当然，本文中项羽"按剑而跽"，绝非恭敬，而是项羽被眼前这突如其来的架势所震慑，本能之中采取的自我保护行为，握着剑柄，由跪坐而改为长跪，乃至准备随时起身。

可见，是樊哙的出现，转移了全场的注意力，中止了项庄舞剑。尽管杀机四伏的紧张气氛非但没有缓解，反而可能更加紧张了，但是，这紧张的焦点和危险的中心，毕竟已从刘邦和项庄之间，转移到了樊哙和项王之间了。

且看樊哙与项王的较量。

项王曰："壮士，赐之卮酒。"则与斗卮酒。哙拜谢，起，立而饮之。项王曰："赐之彘肩。"则与一生彘肩。樊哙覆其盾于地，加彘肩上，拔剑切而啖之。

读者不禁要问，项王为何要对一个擅闯军帐的人如此客气？又是请喝酒，又是请吃肉。他为何不勃然大怒，说："大胆何人，擅闯军营。来人呀，拉出去，斩了！"要说项羽以此为借口，治樊哙死罪，估计刘邦也只得忍气吞声，吃下这个哑口亏，毕竟擅闯军帐，自是死罪。

答案也许只有一个，那就是，项羽真的是被吓着了。当年蔺相如凭借一介书生，就能以"五步之内，颈血溅大王"的气势，逼得秦王击缶。如今，天下第二猛将，闯入毫无戒备的宴会之所，五步之内，要以颈血溅项王，那还不是易如反掌？项羽不吃眼前亏，这一点上，还是很有理智的。

项王曰："壮士！能复饮乎？"樊哙曰："臣死且不避，卮酒安足辞！夫秦王有虎狼之心，杀人如不能举，刑人如恐不胜，天下皆叛之。怀王与诸将约曰：'先破秦入咸阳者王之。'今沛公先破秦入咸阳，毫毛不敢有所近，封闭宫室，还军霸上，以待大王来。故遣将守关者，备他盗出入与非常也。劳苦而功高如此，未有封侯之赏，而听细说，欲诛有功之人。此亡秦之续耳，窃为大王不取也。"项王未有以应，曰："坐。"樊哙从良坐。

项王不仅表示了客气，还不由得赞叹樊哙为"壮士"。估计项羽心中还会掠过一丝嫉妒与遗憾：在我的军队里，为什么就没有这样的猛将呢？

樊哙借着酒劲，开始了他的演讲。

他先悉数列举暴秦罪状，"杀人如不能举，刑人如恐不胜"（举，胜：尽，全），致使"天下苦秦久矣"。正是暴秦的虎狼之心，才激起了天下共愤，才有你我揭竿而起。说的是刚刚灭亡、尸体尚温的暴秦，实则暗中将项羽比作了秦王暴君，意思就是"今日你若滥杀功臣，那便与暴君秦王毫无区别"。

接着援引楚怀王之语"先破秦入咸阳者王之"，申明"先破秦入咸阳"的沛公，即便就是真的据关称王，也是合理合法的。相反，你若阻止刘邦称王，就是因心怀嫉妒而背弃了当时楚怀王定下的盟约，那便要背负不诚不信的罪名。

继而又标榜沛公的功德。说刘邦虽然先破秦入关，虽然本可以据关称王，但是，刘邦竟然"毫毛不敢有所近，封闭宫室，还军霸上，以待大王来"。表现刘邦既有功劳又有德行，不仅自律，还能知恩图报。

此外，樊哙又将项羽要杀害刘邦的罪责，推诿到"小人"身上，给了项羽一个敞亮的台阶，维护了霸王的自尊心理。

一番义正词严的演说，说得项羽无言以对。

综观樊哙的说辞，逻辑严密，语言得体，实在不像是出自一介武夫的即兴之言。并且，一句"故遣将守关者，备他盗出入与非常也"，和刘邦当初所谓"所以遣将守关者，备他盗之出入与非常也"，如出一辙，难道会有这样精妙的巧合？看来，刘邦带领人马前来鸿门谢罪之前，一定是做了一番功课的，除了设计万全之策以保障主公安全之外，还有诸如统一口径这般细节的打磨。而这些，恰恰是傲气过盛的项羽所无法周全的。

　　坐须臾，沛公起如厕，因招樊哙出。沛公已出，项王使都尉陈平召沛公。沛公曰："今者出，未辞也，为之奈何？"樊哙曰："大行不顾细谨，大礼不辞小让。如今人方为刀俎，我为鱼肉，何辞为？"于是遂去。

至此，当项羽无言以对并给樊哙赐座之后，鸿门宴上剑拔弩张的气氛总算缓和下来了，在项羽怒气已消并放松警惕的时候，刘邦果断地借口如厕，离开了宴席，并趁机将樊哙、张良等一同叫了出去。这一出，显然是要商议脱身之策。

沛公曰："今者出，未辞也，为之奈何？"刘邦就此脱身要逃的意图，已经很明显了，这一出来，就没打算再回到宴席去。只是刘邦还在顾及礼数，总觉得不辞而别不大合适，而心怀犹豫。关键时候又是樊哙快言快语，他说："大行不顾细谨，大礼不辞小让。如今人方为刀俎，我为鱼肉，何辞为？"他的意思是：做大事情就不要顾及太多的细节琐事，大的礼数已经到了，也不要在意因一点小小的过失而遭到的责备。更何况，如今的形势是"人为刀俎，我为鱼肉"，在这样一种被人宰割的时候，哪还能讲究那么多的礼数呢？

樊哙的确是个能做大事情的人，他勇闯项王军帐，他当众细数项王过错，他关键时候审时度势，当机立断，实在是有勇有谋有大智，远比张飞来得更理智、更聪明、更稳当。司马迁在《鸿门宴》一章中绘声绘色地描写了"樊哙闯帐"这一精彩情节，具体生动、形象逼真地描绘了武将樊哙的言行举止，让我们看到了一个有血有肉、有勇有谋、有胆有识的英雄形象，更是凸显了樊哙在鸿门宴上的巨大作用。难怪乎司马迁在《樊郦滕灌列传》中写道：

是日微樊哙入营谯让项羽，沛公事几殆。

樊哙主动请命，誓死卫主，此为樊哙之"忠"；樊哙"带剑拥盾""所向披靡"，此为樊哙之"勇"；樊哙怒发冲冠，威震敌胆，此为樊哙之"威"；樊哙蹈死不顾，粗豪勇猛，此为樊哙之"壮"；樊哙能言善辩，审时度势，此为樊哙之"智"。樊哙竭尽忠智，威而有胆，勇而有谋，实在值得司马迁，也值得千秋万代的后人为之高歌一曲。

于是，刘邦决计要走。

乃令张良留谢。良问曰："大王来何操？"曰："我持白璧一双，欲献项王，玉斗一双，欲与亚父。会其怒，不敢献。公为我献之。"张良曰："谨诺。"当是时，项王军在鸿门下，沛公军在霸上，相去四十里。沛公则置车骑，脱身独骑，与樊哙、夏侯婴、靳强、纪信等四人持剑盾步走，从郦山下，道芷阳间行。沛公谓张良曰："从此道至吾军，不过二十里耳。度我至军中，公乃入。"

其中几个词句，简单解释一下。

"大王来何操？"这是一个疑问句中的代词宾语前置句，意为"大王来的时候带了什么东西（礼物）吗？"

"沛公则置车骑"：置，放弃。

"道芷阳间行。"道，取道；间行，从小路走。

回到文章。临走之时，张良被留下来善后。小心谨慎的张良，是刘邦心中的一颗定心丸。尽管两军相距四十里，并不算远，但是，同样小心谨慎的刘邦放弃了大队车马，带着樊哙等人，选择了抄小路飞马逃走，并交代张良："度我至军中，公乃入。""鸿门之宴"就这样不欢而散。可谓：

樊哙闯军帐饮酒啖彘怒斥项王

沛公起如厕脱身回营立诛无伤

你会发现，所有事件的主动权，尽在沛公一方。

沛公已去，间至军中。张良入谢，曰："沛公不胜杯杓，不能辞。谨使臣良奉白璧一双，再拜献大王足下，玉斗一双，再拜奉大将军足下。"项王曰："沛公安在？"良曰："闻大王有意督过之，脱身独去，已至军矣。"项王则受璧，置之坐上。亚父受玉斗，置之地，拔剑撞而破之，曰："竖子不足与谋。夺项王天下者必沛公也。吾属今为之虏矣！"

同样解释几个词句：

"再拜"，古时候一种隆重的礼节，先后拜两次，表示郑重恭敬之意。

"沛公安在？"此句也是一个疑问句中的代词宾语前置句。"安"，意为"哪里"。本句意思是："沛公在哪里？"

"竖子"，意为"小子"，一种带有鄙夷语气的无礼称呼。

张良代表刘邦，将一双白璧和一双玉斗，献给了项王和范增。那么，我们且看一看项王和范增的不同反应："项王则受璧，置之坐上；亚父受玉斗，置之地，拔剑撞而破之。"我们都知道，收下对方的礼物，表示接受对方的好意。那么，拒绝礼物，当然就表明心有不愿，嫌隙未消了。更何况范增不仅是拒绝礼物，而且是置之于地；不仅置之于地，还拔剑击碎了它，嫌恨之心，毕露无余。身为"亚父"的范增，当众斥骂项王："竖子不足与谋！"遗恨万分的范增，一丁点儿的情面都没给项王留下。可谓：

张良献白璧辞谢项王

范增破玉斗大骂竖子

值得一提的是，范增并没有继续晓之以理、动之以情、苦口婆心地劝谏项王，追杀刘邦；也并没有继续努力，激起项王的怒气，使得项王重新勃然大怒，领兵围剿刘邦。若是项王后悔及时，事情的进展本来依旧可以尽在范增掌握的。可是，范增没有再做任何努力。为什么？

答案也许只有一个，那就是项羽的表现实在是令范增失望至极。这不，他骂项羽的话就是"竖子不足与谋"。后来，范增由于刘邦谋臣陈平的离间，而遭到项羽的猜忌。范增愤然回乡，临行前对项王说："天下事大定矣，君王自为之，愿赐骸骨归卒耳。"不久，因背疽发作而死在了返乡的路上。这位被项王尊为"亚父"的谋士范增，终究在项羽的幼稚而愚蠢的政治觉悟中惨辞人世。

相反，那位看上去无才无学的刘邦，却极其善于用人之长。萧何、张良、韩信、彭越、英布等，他们出身各不相同，刘邦却可以让他们尽其所长，为我所用，实在是一位高明的领袖。不仅如此，对待那些奸恶小人，刘邦也从不留下养虎之患，就连"放虎归山"都绝不。这不：

沛公至军，立诛杀曹无伤。

刘邦回到军营的第一件事情，就是诛杀通敌告密的曹无伤。

教学的时候，我每次都要我的学生做这么一件事情：选取一个独到的视角，以第一人称"我"来改写《鸿门宴》，重新讲述一个有关"鸿门宴"的故事，并相互交流。

"我"可以是刘邦、项羽、张良、樊哙、项伯、范增、项庄，还可以是陈平、曹无伤，甚至有学生将"我"写成了军帐的卫士，写成了项羽的"虞姬""佩剑"……

你会发现，历史是那么的有趣。换一个视角，历史可以大不一样。如果你也有兴趣，不妨试试吧。

"鸿门宴"，伴随着范增的绝望，伴随着曹无伤的死，伴随着项羽的幼稚愚蠢，伴随着刘邦的死里逃生，就这样结束了。随后展开的"楚汉之争"，似乎在刚一开始就奠定了结局。

这段故事被司马迁记载在了《项羽本纪》中，表明在司马迁的眼里，尽管鸿门宴的胜者是刘邦，但是，项羽依旧是历史的主角。在《项羽本纪》的结尾，司马迁有这样一段评述：

太史公曰：吾闻之周生曰"舜目盖重瞳子"，又闻项羽亦重瞳子。羽岂其苗裔邪？何兴之暴也！夫秦失其政，陈涉首难，豪杰蜂起，相与并争，不可胜数。然羽非有尺寸，乘埶起陇亩之中，三年，遂将五诸侯灭秦，分裂天下，而封王侯，政由羽出，号为"霸王"，位虽不终，近古以来未尝有也。及羽背关怀楚，放逐义帝而自立，怨王侯叛己，难矣。自矜功伐，奋其私智而不师古，谓霸王之业，欲以力征经营天下，五年卒亡其国，身死东城，尚不觉寤而不自责，过矣。乃引"天亡我，非用兵之罪也"，岂不谬哉！

有人说："项羽是一个非常可用之人，遗憾的是，历史却错误地让他坐在了用人之人的位置上。"然而，"有志者，事竟成，破釜沉舟，百二秦关终属楚"，盖世霸王，乌江自刎；有铁血，有柔情，又实在是位顶天立地的英雄男儿。

有道是"鸿门遗梦英雄在"。

音频版入口

仁而下士，名冠诸侯

——读《史记·信陵君窃符救赵》

今天，我们将一起阅读的是《信陵君窃符救赵》，本文选自《史记》，就是那本真正被誉为"史家之绝唱，无韵之离骚"的著名史书。我给这一讲的标题取作"仁而下士，名冠诸侯"。

本文故事的主人公，就是同为"战国四君子"的信陵君。

信陵君何许人？

信陵君，魏国公子，名无忌，国君安釐王之异母弟，被封于信陵，所以后世皆称其为信陵君。

魏无忌出生和生长于国家走向衰落的时期。魏国国势衰落，江河日下，而西邻秦国经商鞅变法、张仪略地，在列国中异军突起，已有兼并六国之势，没有一个国家敢于真正地抗御秦国。魏国毗邻秦国，受秦害较深。信陵君便效仿当时的贵族做法，延揽食客，养士数千人，自成势力，与楚国春申君黄歇、齐国孟尝君田文、赵国平原君赵胜并称"战国四君子"。他曾在军事上两度击败秦军，分别挽救了赵国和魏国的危局。信陵君死后十八年，魏国被秦所灭。

《信陵君窃符救赵》是《史记·魏公子列传》中的一部分，选入中学教材时，为了使全文情节集中于"窃符救赵"，往往做有删节。

魏公子无忌者，魏昭王少子，而魏安釐王异母弟也。昭王薨，安釐王即位，封公子为信陵君。公子为人，仁而下士，士无贤不肖，皆谦而礼交之，不敢以其富贵骄士。士以此方数千里争往归之，致食客三千人。当是时，诸侯以公子贤，多客，不敢加兵谋魏十余年。

一个国家的威严，倚靠的竟然是一个"公子"，而非国王，实在不是什么国之大幸。难怪魏王始终不敢对自己的弟弟委以国政。请看删节部分：

公子与魏王博，而北境传举烽，言"赵寇至，且入界"。魏王释博，欲召大臣谋。公子止王曰："赵王田猎耳，非为寇也。"复博如故。王恐，心不在博。居顷，复从北方来传言曰："赵王猎耳，非为寇也。"魏王大惊，曰："公子何以知之？"公子曰："臣之客有能深得赵王阴事者，赵王所为，客辄以报臣，臣以此知之。"是后魏王畏公子之贤能，不敢任公子以国政。

公子告诉魏王说他的门客"能深得赵王阴事"，除了回答魏王"何以知之"的问题之外，其意难道不是在敲山震虎吗？一个可以在敌国安插眼线秘密潜伏在君王身边并准确而及时地获知情报的人，要是想在本国君王身边培养几个亲信安排几个心腹，难道还有什么难处吗？只是光从本段故事来看，信陵君背着魏王监视赵王的举动，究竟是大公无私地为哥哥分忧，还是偷偷摸摸另有所图，甚或像刚才说到的那样借以敲山震虎？我们很难确定。然而，魏王因此对信陵君死死地抱有警惕防备之心，却是事实。这不，后来不管信陵君怎么求援，魏王就是不给他一兵一卒。

不过，这个被教材删去的情节，却的的确确也证明了信陵君的"贤能"：他的"仁而下士"，他的"食客三千"。

魏有隐士曰侯嬴，年七十，家贫，为大梁夷门监者。公子闻之，往请，欲厚遗之。不肯受，曰："臣修身洁行数十年，终不以监门困故而受公子财。"

不愧是求贤若渴且礼贤下士，一旦听说何地何方有人才，便毫不犹豫地"往请"，且施以"厚遗"。信陵君此番要"请"的，是一个怎样的人才呢？"隐士"，"七十岁"，"穷人"，"看城门的"。既是隐士，多半就不会轻易暴露自己的隐士身份，否则，前来打扰的人太多，即便是心隐了，身也难静呀！那么，信陵君是怎么知道的呢？其实，这个问题也并不能成为一个问题，因为，一个真心求才的人，是一定能发现人才的，即使他深藏不露。后世的韩愈就说过，所谓"世有伯乐，然后有千里马。千里马常有，而伯乐不常有"。战国四君子，动不动就"食客三千"，看得出那是一个乱世出英雄的时代。然而，英雄固然值得称道，发现英雄并给予英雄们施展才华的舞台的"君子"们，是不是更值得敬仰呢？

此处的"往请"，很多人理解为信陵君前去聘请侯嬴出仕，我看不妥。从后文的情节来看，侯嬴的答复中并没有任何词眼和同不同意出仕有一丝半毫的关联，而仅仅只是关于是否要接受信陵君的"厚遗"而已。由此看来，此处之"请"，并非"聘请"，信陵君初次造访侯嬴，也并非是要请人出仕，像是现在的老板重金去请人出山挖人墙脚那样。我认为，"请"，注解为"拜访""问候"最好，信陵君的初次携礼造访，只是一个礼节罢了。

这恰恰是信陵君的智慧之举。隐士之所以要隐姓埋名深藏不露清心寡欲而不愿为官，必定有他的道理和原则，也绝非某人的一通厚礼就可以为此变节的。假若信陵君头回见面就张口"聘请"，并扬言"待遇嘛，这不是问题"，我想，他们的交情也就只能是一面之缘了。这不，侯嬴自己也说了，我"修身洁行数十年，终不以监门困故而受公子财"。

这一次会面后，信陵君和侯嬴，是互相欣赏的吧：一个礼贤下士，一个修身洁行；一个是知己，一个是良士。

公子于是乃置酒大会宾客。坐定，公子从车骑，虚左，自迎夷门侯生。侯生摄敝衣冠，直上载公子上坐，不让，欲以观公子。公子执辔愈恭。侯生又谓公子曰："臣有客在市屠中，愿枉车骑过之。"公子引车入市，侯生下，见其客朱亥，俾倪，故久立与其客语，微察公子，公子颜色愈和。当是时，魏将相宗室宾客满堂，待公子举酒；市人皆观公子执辔。从骑皆窃骂侯生。侯生视公子色终不变，乃谢客就车。至家，公子引侯生坐上坐，遍赞宾客，宾客皆惊。酒酣，公子起，为寿侯生前。侯生因谓公子曰："今日嬴之为公子亦足矣！嬴乃夷门抱关者也，而公子亲枉车骑自迎嬴，于众人广坐之中，不宜有所过，今公子故过之。然嬴欲就公子之名，故久立公子车骑市中，过客，以观公子，公子愈恭。市人皆以嬴为小人，而以公子为长者，能下士也。"于是罢酒，侯生遂为上客。

此段故事，历来被人称道，也是本文中最精彩的部分之一。

我时常向我的学生提及一个词：古人之风。

所谓"古人之风"，说的不是一般的古代之人的风尚或风气，而是有所特指的。古人之风和今人之风的最本质的区别就在于，"古人"往往将自己内心坚守的某些习性或品质或原则，能自觉地实践并直白地表现出一种极致的状态。古人之风，是一种非黑即白的道德判断，是一种没有给自己留出转圜余地的道德抉择，是一种不加遮掩不必修饰的道德表达，是一种可以压倒一切乃至生命的道德坚守。今人之风，似乎就不是这个样子。即便是喊着口号"走自己的路让别人说去吧"，也总还是顾虑得太多，比如个人的颜面，比如个人的得失……

侯嬴是有"古人之风"的，我们决不能将侯嬴的举动视为"恃才傲物"。他似乎很不识趣地一而再，再而三地给信陵君以难堪。侯嬴没有直接应邀跟信陵君去赶赴宴会，而是拐了个弯，将他带进了熙熙攘攘的集市。实际上，就是暗暗地将信陵君请进了一个考场。信陵君要是通过了考试，就可以得到一位可以为他效命的人才。侯生给他出的题目，是一个话题作文：请以"尊严"为话题，写一篇文章。当然不是拿起纸笔背着人躲在屋子里写，而是直接地在千千万万个现场监视的"考官"面前，以现场行为艺术的方式来完成。

何谓"尊严"？它和我们常说的"面子"，有区别吗？保全了"面子"，就一定获得了"尊严"吗？一时的"颜面尽失"，是不是就一定也会"尊严扫地"？一个权贵，他需要怎样的"面子"？一个君子，他又需要怎样的"尊严"？信陵君，国王的弟弟，这位名震诸侯的响当当的公子，面对一个看门老头的戏弄，他将从哪里找回自己的"面子"？从哪里找到自己的"尊严"？

请看信陵君的答卷：

侯生"直上载公子上坐，不让"，公子便"执辔愈恭"。

侯生"愿枉车骑过之",公子便"引车入市"。

侯生"故久立与其客语",公子便"颜色愈和"。

侯生"谢客就车,至家",公子仍旧"引侯生坐上坐",不仅"遍赞宾客",还"为寿侯生前"。

信陵君用自己的行为艺术,向侯生上交了一份满分答卷。

这就是一个君子所需要的"尊严",它绝不是常人所固守的那种肤浅的"颜面",而是发自内心毫不做作毫不尴尬的对他人甚于对自己的一种尊重。给别人以足够的尊重,就是为自己收获了足够的尊严。

回到"古人之风"的话题上来。"侯生考公子"的这段佳话,在如今的时代和社会里,有没有可能重现呢?我们期盼着,来自某地或某人的佳讯。

侯生谓公子曰:"臣所过屠者朱亥,此子贤者,世莫能知,故隐屠间耳。"公子往,数请之,朱亥故不复谢。公子怪之。

侯生终于向信陵君道明了当年"考场"中的另一个秘密,原来,侯生的考题中,那位"市屠之客",并不仅仅只是考题中的一个材料,而是侯生的精心安排,他在给信陵君出考题的同时,也给这位"市屠之客"创造了一个考察公子的"面试"的机会。读到这里,你再回头去想想,当时"俾倪""微察公子"的人,岂止侯生一人?

物以类聚,人以群分。侯生拜访的这位"市屠之客",也是一介隐士,一个不被世人赏识而怀才不遇的人,默默地在市屠中以杀猪为生。然而,照理说,屠夫朱亥已经是跟着侯生一起考察过信陵君并获得了满意的答案的了,可他为什么在公子的"数请"之后,都"不复谢"呢?连公子都觉得很奇怪。是他不懂礼数，不懂得礼尚往来？请注意，一个"故"字，暗藏玄机。

魏安釐王二十年，秦昭王已破赵长平军，又进兵围邯郸。公子姊为赵惠文王弟平原君夫人，数遗魏王及公子书，请救于魏。魏王使将军晋鄙将十万众救赵。秦王使使者告魏王曰："吾攻赵旦暮且下，而诸侯敢救者，已拔赵，必移兵先击之。"魏王恐，使人止晋鄙，留军壁邺，名为救赵，实持两端以观望。

信陵君的姐姐嫁到赵国，成了平原君的夫人，也就是赵王的弟媳妇了；也就是说，平原君是信陵君的姐夫，也就是魏王的姐夫了。现在姐夫有难，魏王和信陵君兄弟俩照说也是不能袖手旁观的。面对姐夫平原君的再三求援，魏王显出了英雄气概，发重兵以救赵。然而，在秦王的恐吓之下，魏王终究是害怕了，中途按兵不动，"持两端以观望"，摆出了隔山观虎斗的投机姿态，一面向平原君示意正在驰援，一面向秦王示意保持中立。

于是，邯郸危在旦夕。

平原君使者冠盖相属于魏，让魏公子曰："胜所以自附为婚姻者，以公子之高义，为能急人之困。今邯郸旦暮降秦而魏救不至，安在公子能急人之困也！且公子纵轻胜，弃之降秦，独不怜公子姊邪？"公子患之，数请魏王，及宾客辩士说王万端。魏王畏秦，终不听公子。

平原君使者"冠盖相属"的景象，我们是可以想象的。一国安危全系于魏，然而，这位做兄长的魏王却屈于压力而置兄弟姐妹亲情不顾，平原君自然是恼怒得很。可是，平原君的满腔怨气并没有冲向魏王，而是直指信陵君，大骂他"徒有虚名""绝情绝义"。这种骂名，和信陵君的"仁而下士"的美名比较起来，真是天壤之别，信陵君当然无法消受，千方百计去游说兄长。

"魏王畏秦，终不听公子。"想来魏王本身就不是十分情愿去救赵的吧，要不起初他要等到平原君"数遗"国书，才发兵呢？要不后来会那么轻易地就被秦王的恐吓所吓住呢？要不在信陵君"及宾客辩士说王万端"的情况下，依然拒绝出手相助呢？我们且不管魏王和赵王、平原君，乃至和其姐姐平原君夫人之间有什么样的纠葛和恩怨，单就本文中的叙述来说，有一个情节就很值得我们大加关注，那就是本文开头写到的"公子与魏王博"的故事，而这段故事又常常被编辑教材的人士给莫名其妙地删除了。

我们不妨再返回去读一读吧。当年信陵君在他兄长面前展露出了非凡的治国才华，不论是有意的挑衅，还是无意间的炫耀，总之，其结果是"是后，魏王畏公子之贤能，不敢任公子以国政"。兄弟俩的隔阂，大概就此开始变得不可弥合了吧。魏王对于拥有食客三千的信陵君的嫌隙、猜疑、嫉妒，就只会是与日而俱增。

这回关于救不救赵的问题，就是一个典型的事例。照常理说，信陵君并无什么炙手可热的政权或军权，平原君的求援信只有发给魏王才有用，并且，只要发给魏王就可以，而为什么他的信却不仅发给魏王，还同时发给了公子呢？难道在平原君（或外人）的眼里，信陵君已然成了魏国的又一个管家？依照信陵君的威望，也不是不可能。更何况，魏王心里很清楚，信陵君比谁都急于救赵，便偏偏不给信陵君以参与救赵的机会。于是魏王虽然犹豫再三，但始终未和信陵君商量，独自做出了决定出兵救赵，以向世人表明"在魏国，究竟谁才是'魏王'"。后来，也同样在未与任何人商议的情况下，独自决定停止救赵，按兵不动。

信陵君一心急于救赵，魏王便一拖再拖，乃至于终于顺着秦王的恐吓而找到了台阶，索性按兵不动。这种考量，不能说没有"安危自保"的因素，但也不能否认，其间也有兄弟阋墙的争斗吧。这种宫廷之中的"国"与"家"、"朝"和"野"、"长"与"次"的争斗，总是无法避免的；尽管对于信陵君来讲，也许并非其本意。

公子自度终不能得之于王，计不独生而令赵亡，乃请宾客，约车骑百余乘，欲以客往赴秦军，与赵俱死。

于万般无奈之下，信陵君打出了自己的最后一张牌：与秦军拼命，也就是自古所谓的"舍生取义"。信陵君一定清楚自己此举不可能给赵国带去一丝一毫的实质性帮助，但也起码可以保全自己的名节。

历史上不乏此类"舍生取义"的例子吧。

当然，故事情节肯定不会就这样简单发展并以信陵君的"舍生取义"而悲壮结局，因为读者的心里还惦记着另一个人物——侯生，那位曾经出难题考别人的看门老头，那位好比屡屡为难孟尝君的冯谖一般的人物，该是他出场表演的时候了。

只是，信陵君似乎忘了他，似乎忘了那位曾经让自己在市人面前丢尽了颜面的傲慢之徒，似乎忘了那位自己曾经拜之为上宾的隐士侯生。他忘了吗？好像又没忘。

行过夷门，见侯生，具告所以欲死秦军状。辞决而行，侯生曰："公子勉之矣，老臣不能从。"

俗话说"养兵千日，用在一时"，值此危难时刻，信陵君会连自己平日苦心苦力择养着的三千食客，全都遗忘在九霄云外吗？不会，断然不会。请看——

远在劝说魏王的时候，"公子患之，数请魏王，及宾客辩士说王万端"，那个时候，信陵君就已经发动了"宾客"（食客）来帮忙了。

近在欲赴秦军的时候，"乃请宾客，约车骑百余乘"，信陵君是带了部分食客一同赴死的呀。

看来，信陵君并没有忘记"向食客求援"。

这还是要从信陵君自身去寻求理解吧。

为了自己的目的，为了帮助自己成就大业，自古以来，能"下士"的人，并不在少数。然而，为什么唯独信陵君的"下士"，就如此令人称道呢？答案在一"仁"字。

"仁者"养士，不尽为利用，至少不全为了榨取使用价值。要不，孟尝君怎么会"笑纳"一个"无所好""无所能"的冯谖呢？信陵君养士，就全然不同于"临阵买将""重赏寻勇"式的功利行为。这才叫"下士"吧，它不同于一般意义上的"爱才"和"惜才"。

因此，在自己认定无计可施的时候，信陵君并没有拉上所有的"食客三千"与之一同赴死，更何况对于像侯生这样的长者呢。

信陵君只是想低调赴死，成全名节，而已。只是，在"行过夷门"的时候，遇见了这位依然认真地看着门的侯生。

说巧也巧，毕竟在自己决心赴死的时候，得以和人道别。

说不巧也不巧，毕竟侯生的临别之辞似乎让双方都有点难堪：一个觉得无能为力、心有余力不足，另一个觉得自己倾心相待而终究没能得到倾心回报。这不——

公子行数里，心不快，曰："吾所以待侯生者备矣，天下莫不闻，今吾且死而侯生曾无一言半辞送我，我岂有所失哉？"

要说之前好颜好色对待侯生，多少有着将来要"为我所用"的功利企图的话，如今自己已然将死，便再无忍辱负重的必要了吧。然而，这位被称作"战国四君子"的信陵君，确非浪得虚名。在任何时候，面对任何问题，君子依旧只从自己的错误中寻找答案，"是我做错了什么吗"，怎能不使人叩首称颂？

复引车还，问侯生。侯生笑曰："臣固知公子之还也。"曰："公子喜士，名闻天下。今有难，无他端而欲赴秦军，譬若以肉投馁虎，何功之有哉？尚安事客？然公子遇臣厚，公子往而臣不送，以是知公子恨之复返也。"

"臣固知公子之还也"，一个"固"字，有侯生对于自己的自信，更有侯生对于信陵君的深度了解。此话翻译成现代口语，可说成"我就知道你会回来的"（这里的"就"字，一定要重读哦）。在其后的话语里，侯生一面解释自己"固知"的理由，一面也在责怪信陵君的一意孤行：在侯生看来，一个人在还没有想尽一切办法的时候就铤而走险、草率行事以身殉道，是有"名"而无"功"的，是无谓的牺牲，非智者所为。

公子再拜，因问。侯生乃屏人间语曰："嬴闻晋鄙之兵符常在王卧内，而如姬最幸，出入王卧内，力能窃之。嬴闻如姬父为人所杀，如姬资之三年，自王以下，欲求报其父仇，莫能得。如姬为公子泣，公子使客斩其仇头，敬进如姬。如姬之欲为公子死，无所辞，顾未有路耳。公子诚一开口请如姬，如姬必许诺，则得虎符。夺晋鄙军，北救赵而西却秦，此五霸之伐也。"公子从其计，请如姬。如姬果盗兵符与公子。

在讲授此段文字的时候，我总是要提醒我的学生思考这样几个问题：

侯生就是一个长期看守城门的老头，他怎么知道国君兵符的所在？他怎么知道宫廷后宫的是是非非？他怎么知道如姬的家世恩仇？他怎么知道如姬为这事还曾以眼泪去求过信陵君？一个连国王都报不成的仇，一定有其玄奥所在；信陵君替如姬报了仇必然不敢伸张，那么，侯生怎么知道这是信陵君干的？侯生怎么知道如姬为答谢公子大恩必定就愿意舍命相报？

究竟是为什么呢？

若要说是一介看门之人，更易"道听途说"且显得"消息灵通"，也并非全无道理。然而，在这生死关头，料想侯生也绝不会用自己偶然得来的一些"八卦新闻"，来回报眼前这个曾待己不薄的公子的吧——他对自己的判断是有十足的信心的。

每当我提出这些问题并要求试着想象一下侯生此人的时候，我的学生们一般都会在短暂的安静过后或先或后地倒吸一口寒气：此人太厉害了！厉害得可怕。

学生们这才想起来，侯生本非看门之徒，而是个"隐士"。我再问："何谓'隐士'"？一个看门之徒再怎么默默地看门、再怎么与世无争，也绝不可称之为"隐士"的吧。都说"隐"是一种人生的消极，然而，真要做个"隐士"，也绝非人人都有资格的。对常人来说，充其量是"看破红尘""清心寡欲""深居简出"，只是这样罢了。而"隐"的前提，是"显"；只有曾经"显"过，方有而今之"隐"一说。

那么，侯生"隐于看门之徒"的数十年之前呢？文章虽只字未提，但读者确乎可以由此猜出几分来吧。

世上之人，最聪明的往往不是会"做事"的，反而是那些看上去愚手笨脚却极会"识人"的人。刘备在孔明关羽面前无智无勇，却坐稳了老大；冯谖深知孟尝君有气有怨也不敢不便发作，于是才敢"焚券市义"。侯生了解信陵君，了解如姬，了解魏王，于是，才有了"窃符救赵"的千古美谈。

公子行，侯生曰："将在外，主令有所不受，以便国家。公子即合符，而晋鄙不授公子兵，而复请之，事必危矣。臣客屠者朱亥可与俱，此人力士。晋鄙听，大善；不听，可使击之。"

公子就是公子，仁者之心，单纯得很，以至于侯生终于主动地给予提醒并面授机宜，而不是像上次那样，满怀信心地坐等公子回来。

此时，当年那位看起来"不知礼节"的怪怪的屠夫朱亥，终于将要出场。

于是公子泣。侯生曰："公子畏死邪？何泣也？"公子曰："晋鄙嚄唶宿将，往恐不听，必当杀之，是以泣耳，岂畏死哉？"

此处再次显示了公子信陵君的"仁"心善肺。是呀，无论是为了自己的姐姐姐夫的安危，还是为了自身的名节，哪怕就是将此举的意义抬高到国际主义或是世界和平的高度，也都找不出一定要杀一员忠义老将的理由啊。信陵君自己是无奈的，晋鄙人家是无辜的。

大事在前，信陵君能否横下这条心来？还真叫人替他担心。

于是公子请朱亥。朱亥笑曰："臣乃市井鼓刀屠者，而公子亲数存之，所以不报谢者，以为小礼无所用。今公子有急，此乃臣效命之秋也。"遂与公子俱。

终于，我们知道了朱亥"故不复谢"的理由了。人家说了，小礼小节来来去去没什么意思，要报恩，就索性提了身家性命去。所以，朱亥说的是"此乃臣效命之秋也"，而非"效力之秋"。

其实，看上去此番行动赋予朱亥的特别使命，就是"锤杀晋鄙"，要求的是力量和果敢，这和朱亥的屠夫职业很是相配。难道侯生有此先见之明，而早早地便向信陵君推荐了此人？我看不过是机缘巧合吧。不然，当年侯生在向信陵君推荐朱亥的时候，就不会说"此子贤者，世莫能知"，而该说是"此人力士，世莫能比"了。

在"贤"与"力"之间，固然是"贤"尤为重。一个知恩图报能为知己者"效命"的人，其"力"才能得到最充分的发挥。谁又能说诸如"思想""道德""精神""信仰"等形而上的东西，不会带来实际的"生产力"呢？

公子过谢侯生。侯生曰："臣宜从，老不能。请数公子行日，以至晋鄙军之日，北乡自刭，以送公子。"公子遂行。

一切筹划妥当，公子辞行，上路。

侯生为什么要"自刭"，是很多学生不甚明白的疑团。

有一个理由，是很容易想明白的，那就是此次举事，无论成败，都属于"叛逆"，属于"欺君"，属于国法不容的。那么，信陵君，连同参与此事的所有人，都必将接受魏王问罪——这一问，也必为死罪。既然如此，不如自裁。

这样说来，很有畏罪自杀的感觉，似乎很让人看不起。将这样的词眼，加在这位仁智双全的老者身上，学生们都不大能接受。

事情当然不是这么简单。若仅仅只是一个"晚死不如早死"的无奈的打算，那么，又何必非得"北乡自刭"呢？奥秘必在于"北乡"（"乡"通"向"；"北乡"即"北向"）。

北向，是信陵君往赴救赵的方向，是信陵君合符夺兵的方向，是朱亥锤杀晋鄙的方向，是十万之众决战秦军的方向，是赵国安危存亡的方向。那么，侯生的"北乡自刭"，就必然有着"以自己之死，励他人之志"的目的和意义。况且，侯生选择了一个特别的时间"至晋鄙军之日"，那么，他所要励的，就是信陵君必须横下一条锤杀"无辜"的心来，否则，便功亏一篑，前功尽弃。

侯生自己也说了的，"以送公子"，"送"字，即有"劝勉"之意。并且，看来信陵君也是读懂了侯生的。因为宅心仁厚的他，此次面对侯生的必死，并没有声泪俱下；之后的举动，也用实际行动实现了侯生之死的意义。

至邺，矫魏王令代晋鄙。晋鄙合符，疑之，举手视公子曰："今吾拥十万之众，屯于境上，国之重任。今单车来代之，何如哉？"欲无听。朱亥袖四十斤铁椎椎杀晋鄙。

所谓"将在外，主令有所不受"，事情的进展，果然不出侯生所料。在关键时刻，朱亥显现出了他的屠夫气概。

公子遂将晋鄙军。勒兵，下令军中，曰："父子俱在军中，父归。兄弟俱在军中，兄归。独子无兄弟，归养。"得选兵八万人，进兵击秦军。

"勒兵"，比"将兵"多了些"控制"的意思，比"阅兵"，又多了些"战时动员"的意味。一个"勒"字用得极好，写出了信陵君"万事俱备，只欠一声令下"的踌躇满志，也写出了信陵君面对十万大军时内心的一丝忐忑。

如何号令这支军队？如何保证军队的战斗力？如何避免大面积的无辜伤亡？信陵君的原则，依旧是"仁"。在"忠于国家"和"孝敬父母"之间，信陵君给了士兵们一个"孝亲"重于"忠君"的机会，给了他们一个"小我"先于"大家"的机会。他的举措，在客观上也免除了战士们的后顾之忧，带来了军队战斗力的提升，为退秦救赵带来了更多的胜券。

秦军解去，遂救邯郸，存赵。

事情的结局，是如意的。

很多人将"秦军解去"解释为"秦军解围离开",我认为是不妥的。所谓"解围",是就被围者而言的;被围之人突围而出,为"解围"。而此处秦军并非被围之人,相反,秦军恰恰是施围之人,何来"解围"之说呢?我以为,此处之"解"翻译为"弃围"(意指放弃围城),要更恰切些。

和《左传》等先前的中国史书一样,《史记》也尽量避开对战争本身的叙述和描写,而将笔触十分奢侈地灌注到有关于战争的前前后后上来。正因为如此,中国史书的功用,更多的是为当时及后世之人的为政、为谋、为人,以资借鉴。

赵王及平原君自迎公子于界,平原君负韊矢为公子先引。赵王再拜曰:"自古贤人未有及公子者也!"当此之时,平原君不敢自比于人。

赵王对于信陵君的感激之情,自不必说。单看平原君。

平原君,这位同样被称为"战国四君子"的人物,这位曾大骂信陵君"浪得虚名"的人物,面对自己对人的误解,竟能懂得自惭形秽,懂得诚心道歉,实在也是一个率真可爱的人了。

公子与侯生决,至军,侯生果北乡自刭。

侯生真的"北乡自刭"了,兑现了他的诺言,造就了他的品性,成全了他的人格。无论侯生之死,其原因有多的复杂,这也可谓是"士为知己者死"了吧。

魏王怒公子之盗其兵符，矫杀晋鄙，公子亦自知也。已却秦存赵，使将将其军归魏，而公子独与客留赵。

魏王的事后追究，当然是情理之中的事情。而信陵君如何收场，却又是一处关乎人品和智慧的考验。这似乎是一个要不就爆发，要不就灭亡的选择。

我曾提问我的学生：假若是你，你将怎么办？学生们的回答是多种多样的。

有人说毕竟盗窃兵符私用军队着实是犯了大罪的，国法不容，理应受罪，那在事成之后就应该主动认罪服法。有人说为了表示自己的大公无私，且报答侯生的冒死相助和以死相送，就应该自杀。还有人说，反正已犯死罪，与其坐以待毙，不如揭竿而起，率领十万大军杀回魏廷，来个兵谏，甚至来个改天换日，岂不痛快！

学生们说的，都并不无道理。历史上，类似的事情发生后，采取以上三种策略的人，还真是不少。然而，信陵君却没有这样。他"使将将其军归魏"，他将十万大军归还魏王，尽管说不上是"完璧归赵"，但起码表明并非偷盗，而只是"借用"而已。而"独与客留赵"，说明信陵君在逃难关头，也并未抛下食客不管。其仁义之心，自始至终。

只是，人非圣贤，孰能无过？人在患难之时，比较容易秉心执性，而在成功之后或是安乐之时，人的劣根性就很容易萌芽、滋长。这不，信陵君在赵国不多久，居功自傲、矜功自伐之心，就开始膨胀起来。

赵孝成王德公子之矫夺晋鄙兵而存赵，乃与平原君计，以五城封公子。公子闻之，意骄矜而有自功之色。

赵孝成王"德"（感激）公子，准备以五座城池"封"（赏予土地）公子，直接催生了，或者说越发助长了信陵君内心的骄傲，使得他有了"自功"（自以为有功绩）之色。

客有说公子曰："物有不可忘，或有不可不忘。夫人有德于公子，公子不可忘也；公子有德于人，愿公子忘之也。且矫魏王令，夺晋鄙兵以救赵，于赵则有功矣，于魏则未为忠臣也。公子乃自骄而功之，窃为公子不取也。"

此处之"客"，当然不是侯生，也不大可能是屠夫朱亥，看来，信陵君当初"约车骑百余乘"奔赴秦军时，还是带走了很多有智慧、敢直谏的门客的。客说："世上的东西，有的不能忘记，而有的却不能不忘记。比如，人家向您施与了恩惠，您就不能忘记；而您施与了别人恩惠，希望您忘记它。"读到这里，我忽然想起一个现代版的故事：

一位智者和朋友结伴旅行，在行经一山谷时，智者一不留神滑跌了，他的朋友拼尽全力拉住他，以不让他葬身谷底。智者得救后，执意要在石头上刻下这件事。他的朋友问：伙计，真的有这必要吗？智者说：当然！于是他们在石头上刻下"某年某月某日经过某山谷时，朋友某某救我一命"，然后他们继续旅行。这天又来到海边，两人为一事争吵，朋友一怒之下给了智者一耳光。智者捂着发烫的脸颊说：哼，我一定要记下这件事！朋友说：随你记，我才不怕！智者于是找来一根木棍，在退潮的海滩上记下"某年某月某日在某海滩，朋友某某打我一耳光"。

将从他人处得来的好处，终生铭记，将别人带给自己的不快，尽快忘掉。这是人生的智慧。同样，信陵君的门客的这番话告诉我们：一定

119

要牢记他人的恩德，而千万不要将自己给予他人的帮助铭刻在心。只有这样，我们才能做一个以德报德的人，才不会因付出却不得回报而懊恼。说得再崇高一些，这样，你的人生行囊，才会装满来自这个世界的爱和温暖。

尽管信陵君门客的这番话，仅仅只是为信陵君的安危着想而说，但是，今天读来，却意义深远。

他继续说道："况且，您'窃符救赵'的行动，对赵国来说，当然是有功劳的，而对魏国来说，您就不是忠臣了。"这一点，信陵君是很清楚的，否则，他也不会在"已却秦存赵"之后，"使将将其军归魏"，而自己却"独与客留赵"了。

我们不知道信陵君究竟是被这两个理由中的哪一个所打动了，或许二者都有吧。

于是公子立自责，似若无所容者。赵王埽除自迎，执主人之礼，引公子就西阶。公子侧行辞让，从东阶上。自言罪过，以负于魏，无功于赵。赵王侍酒至暮，口不忍献五城，以公子退让也。公子竟留赵。赵王以鄗为公子汤沐邑，魏亦复以信陵奉公子。公子留赵。

都说"犯错不是错"，错在"错后不知错"或是"知错不认错"，甚至"认错不改错"。信陵君就是一位"错后能反思""知错就能改"的好榜样。他能错后自责，自责到恨不能找个地缝钻下去，所谓"无地自容"。在赵王为他而举办的庆功大会上，当赵王恭请信陵君由尊礼之位"西阶"而入的时候，信陵君能将自己视为一介"罪夫"，一个"戴罪"且"无功"之人的身份，执意要从"东阶"谦恭入席。信陵君的"退让"之心让赵王敬重有加，以至于本打算以五座城池封与信陵君的赵王，一直待到酒酣日暮时分，也没忍心开口。

最终，赵王只是将鄗地封与信陵君，作为"汤沐邑"。可喜的是，尽管信陵君为臣不忠，擅篡军权，外逃不归，但是魏王也依旧保存着信陵君的"信陵"封地，未加迫害。

就这样，信陵君在赵国一待就是十年。其间，少不了发生一些这样或那样的故事，比如：

公子闻赵有处士毛公藏于博徒，薛公藏于卖浆家，公子欲见两人，两人自匿不肯见公子。公子闻所在，乃间步往。从此两人游，甚欢。

世人常用"引车卖浆"来称呼地位低下的平民百姓，此处"博徒""卖浆"的毛公与薛公，一个在赌场，一个在酒家，都不是什么上乘之所，比起"夷门监者"侯生和"市井屠者"朱亥，或许都还更不入流。然而，也许是职业病的缘故，信陵君寄居他乡，也不忘招贤纳士。同样的，大凡隐者，多不愿与官人权贵来往。当听说有公子身份的人欲下书召见的时候，两位处士都躲藏起来；信陵君只好偷偷地微服私访，反倒和他们成了很好的朋友。

大凡人与人之间的交往佳话，有"患难之交""贫贱之交""金兰之交"乃至"生死之交"云云，我以为那种不因贵贱有别而结下的"杵臼之交"，独独因难能而可贵。别说是生活在世俗中的芸芸众生难以做到，这不，就连同样以"好士"著称的平原君，不仅做不到，还不能理解。

平原君闻之，谓其夫人曰："始吾闻夫人弟公子天下无双，今吾闻之，乃妄从博徒卖浆者游，公子妄人耳。"夫人以告公子。

平原君听说信陵君和"博徒""卖浆"者做起了朋友，觉得不可思议，对他的夫人（也就是信陵君的姐姐）说："我起先听说夫人你的弟弟天下无双，今天我却听说这样的事情，他竟然和'博徒卖浆'之流的人一起郊游，他真是个疯子啊。"

平原君夫人将他的这番话告诉了信陵君。我们不知道夫人转述此话的语气和目的，是支持平原君的看法来劝信陵君注意自己的公子身份，还是告诉他平原君这人其实很俗，此地不值得久留？

公子乃谢夫人去，曰："始吾闻平原君贤，故负魏王而救赵，以称平原君。平原君之游，徒豪举耳，不求士也。无忌自在大梁时，常闻此两人贤，至赵，恐不得见。以无忌从之游，尚恐其不我欲也，今平原君乃以为羞，其不足从游。"乃装为去。夫人具以语平原君。

听到平原君这番评论，不管他姐姐是何用意，信陵君都决计要离开赵国了。他说："当初我是冲着平原君贤能的美名，而冒死'窃符救赵'，借以表达对平原君的敬佩之心的。现在，我发现平原君所交往的人，都是豪门人士，根本不和普通士人交往。我当年还在魏国的时候，就听说'博徒卖浆'的毛公和薛公二人是贤士，来到赵国以后，我生怕不能见到他们。现在我主动去和他交朋友，还怕他们不愿意呢！而平原君却以此为羞，这人真是不值得交往啊。"于是，信陵君打点行装，准备离开赵国。

夫人又将信陵君的话，转告给平原君。是以此羞辱平原君，还是要平原君去挽留公子？我们也不知晓。但是，平原君又一次自惭形秽，觉得"不敢自比于人"，是一定的了。

> 平原君乃免冠谢，固留公子。平原君门下闻之，半去平原君归公子，天下士复往归公子，公子倾平原君客。

尽管知错想改，但是，他一错再错，改起来就不那么如愿了。平原君的道歉谢罪和诚意挽留，不但没有博得信陵君的谅解，还赔了夫人又折兵，自己的门客，一大半都背叛了自己，投奔信陵君去了。不仅如此，信陵君此趟赵国之行，几乎将赵国乃至天下的贤能之士，一网打尽。

> 公子留赵十年不归。秦闻公子在赵，日夜出兵东伐魏。魏王患之，使使往请公子。公子恐其怒之，乃诫门下："有敢为魏王使通者，死。"宾客皆背魏之赵，莫敢劝公子归。毛公、薛公两人往见公子曰："公子所以重于赵，名闻诸侯者，徒以有魏也。今秦攻魏，魏急而公子不恤，使秦破大梁而夷先王之宗庙，公子当何面目立天下乎？"语未及卒，公子立变色，告车趣驾归救魏。

前文写信陵君交结"博徒卖浆"之士，后文中，这"博徒卖浆"之人理应有所表现。

毛公、薛公二人，打出"祖国"的旗号，说服公子回国效力。他们的理由有二：其一，"公子所以重于赵，名闻诸侯者，徒以有魏也。"说的是"您有今天的名声，是因为您身后有一个魏国，您是魏国公子"，也就是说，您是头顶了祖国的光环，才有今天的名声的。其二，"今秦攻魏，魏急而公子不恤，使秦破大梁而夷先王之宗庙，公子当何面目立天下乎？"祖国有难，您顾及私人安危而不去救助，眼睁睁看着祖国灭亡，这绝不是爱国之道，绝不是公子所为。

于是，在"祖国利益高于一切"的感召下，信陵君兼程回国，拯救魏国于危难之中。

魏王见公子，相与泣，而以上将军印授公子，公子遂将。魏安厘王三十年，公子使使遍告诸侯。诸侯闻公子将，各遣将将兵救魏。公子率五国之兵破秦军于河外，走蒙骜。遂乘胜逐秦军至函谷关，抑秦兵，秦兵不敢出。当是时，公子威振天下，诸侯之客进兵法，公子皆名之，故世俗称魏公子兵法。

魏王不但没有追究他弟弟盗窃兵符的罪行，反而"见公子，相与泣"，是感念兄弟情深、久别重逢而伤感呢，还是为眼下国家遭遇强敌危在旦夕而悲痛呢？十年以来，魏王早不召公子回国，晚不召公子回国，偏偏在秦军伐魏的时候，要召公子回国并授以"上将军印"。由此看来，这国家利益确实是高于兄弟情分的了。当然，即便如此，也无可厚非，毕竟信陵君的"窃符"之罪，是情可谅而理不可恕的。

另一方面，信陵君经过"窃符救赵"的英雄壮举，在诸侯中更是名声大噪，以至于"诸侯闻公子将，各遣将将兵救魏"，一举将强大的秦敌赶进函谷关；以至于"诸侯之客进兵法，公子皆名之"，将天下兵法，合集为《魏公子兵法》。

当年"窃符救赵"之事，也为后来的事情埋下了隐患。这"椎杀晋鄙"杀害无辜将领之举，就被秦王利用。秦王用重金收买晋鄙门客，使其在魏王面前诋毁信陵君，使用反间计，诬陷他功高盖主，居功自傲，有划地称王之野心。

大凡"功高盖主"之人，不用等到诽谤四起，久而久之都将成为主人的眼中钉、肉中刺，早晚要被拔除，更何况有人在主人耳边不断地煽风点火。等到国家危难过去，所谓"飞鸟尽，良弓藏"，魏王终于将信陵君削职。信陵君也非常清楚自己是又一次被谗言诋毁，于是干脆告病在家，饮酒作乐，以示毫无篡党夺权之野心，以保全性命。四年之后，病死。其兄魏王也于当年去世。

信陵君死后，秦国大肆进攻魏国，势如破竹，魏国国势一泻千里。在秦国的蚕食下，仅仅十八年，魏国灭亡。

太史公曰：吾过大梁之墟，求问其所谓夷门。夷门者，城之东门也。天下诸公子亦有喜士者矣，然信陵君之接岩穴隐者，不耻下交，有以也。名冠诸侯，不虚耳。高祖每过之而令民奉祠不绝也。

司马迁说：我经过魏国都城大梁的废墟，打听到当年所谓的"夷门"，就是大梁都城的东门。他感慨道：天下不乏爱好人才的人，然而，能像信陵君一样，到"岩穴"（民间）中寻访隐士，真正做到不耻下交的人，也就是信陵君罢了。信陵君名冠诸侯，确实是名不虚传。难怪汉高祖刘邦每每经过大梁，都要命令当地百姓祭祀他，让信陵君的祠堂里，香火不绝。

"窃符救赵"成功了。有人说靠的是信陵君的"仁义"，有人说靠的是侯生的"智慧"。无论你同意哪种看法，我都觉得，所谓"见仁见智"，人们总是自觉或不自觉地将"仁"与"智"分开而论，但实际上，"仁"

与"智"本质上却是这么的相辅相成，相得益彰。

感谢各位和我一起阅读《史记》，一起感受仁义和智慧的力量。

音 频 版 入 口

第二篇

无法完美

才情齐飞，人文一色
——读《滕王阁序》

在我教语文、讲课文的历史上，《滕王阁序》是用时最长的，记忆中两周八节课过去，也仅篇幅过半。当时都讲了什么和怎么讲的，基本都忘了，在此也就拣些文章解读，与大家分享。

在备课查阅资料的时候偶然发现有本书叫《唐摭言》（我至今也没见到过），里边有段关于王勃写作《滕王阁序》的记载：

王勃著滕王阁序时年十四都督阎公不之信勃虽在座而阎公意属子婿孟学士者为之已宿构矣及从纸笔巡让宾客勃不辞让公大怒拂衣而起专令人伺其下笔第一报云南昌故郡洪都新府公曰亦是老生常谈又报云星分翼轸地接衡庐公闻之沉吟不言又云落霞与孤鹜齐飞秋水共长天一色公矍然而起曰此真天才当垂不朽矣遂亟请宴所极欢而罢。

也不知道这个故事究竟能有几分真实性，至少"年十四"绝不可能，不过，此段用作文言断句的训练，还是一则很好的材料，同学们可以试一试。

《新唐书》中也说王勃"属文，初不精思，先磨墨数升，则酣饮，引被覆面卧，及寤，援笔成篇，不易一字"。还有《酉阳杂俎》中也说"王勃每为碑颂，先磨墨数升，引被覆面卧，忽起一笔数之，初不窜点，时人谓之腹稿"。我们都知道世人有张扬英雄的习俗，就是努力地将某个英雄进行各种神化，对其经历添枝加叶，甚至杜撰出各种各样的故事来，供人膜拜。然而，既然大家都这么说，看来，王勃的文思敏捷，才思泉涌，应该不是完全的虚构和夸张，《滕王阁序》就是最好的明证。

我上大学的时候，滕王阁离我学校就不远，骑车半小时就能到。专程也好，路过也罢，很多次也都没能进得门去一登高阁，去看落霞孤鹜，因为那门票绝不是一个穷酸大学生可以承受得起的，只好远远地望一望。后来当了老师，每教一遍课文之前，都要实地去滕王阁转一转，爬一爬，看一看。那些牌匾，那些楹联，那窗外的长天一色，再和诗文合起来，实在是相得益彰。

请和我一起翻开课文《滕王阁序》。

豫章故郡，洪都新府。

都督阎公当年在闻报此句的时候，脱口一句"老生常谈"，作为送给王勃开篇的评论，以表达怒气未消的他的不屑与得意。从文面看，的确是跌进了窠臼，毫无新意，因为任何人写此类文章，下笔伊始，几乎一律都要交代"地点"——交代"滕王阁"位于什么什么地方。滕王阁位于什么地方？南昌，一个原名"豫章郡"现为"洪都府"的地方。于是，王勃写道："豫章故郡，洪都新府。"（除了这个，王勃还能说什么呢？）于是，赢得了一句"老生常谈"。

然而，我倒以为阎都督大概是因为正在气头上吧，他忘记了琢磨一下"故""新"二字。其实，此句的意思莫异于说此地"昔为豫章郡，今乃洪都府"。可是，"今""昔"对举，虽有了历史的变迁之感，但并不能表达出这种变迁究竟是"今非昔比""蒸蒸日上"抑或是"今不如昨""每况愈下"。而"故""新"对举，便可以。南昌之地是不是蒸蒸日上了，我们不必考究，但是，作为应景之文，借此夸赞阎都督"政通人和，百废俱兴"，昔日豫章郡，今日焕然一新成长为洪都府，也是应该的嘛。

除却这点"世道"不说，单读此句"豫章故郡，洪都新府"，你一定能感觉到时光的流转。王勃开篇交代滕王阁的地理位置的同时，更是将其置于浩浩的历史长河之中，置于时间和历史的坐标轴上。沧海桑田的进程中，历史走到"洪都"时代，滕王阁拔地而起，似乎是应运而生："好一个时运"，"好一个洪都"。

星分翼轸，地接衡庐。

在历史的横轴上标明了"滕王阁"的坐标点之后，王勃又在天地之间画上了一道纵轴：滕王阁上"天"乃分翼轸，在"地"可接衡庐。读过很多此类文章，但是，将一个地点置于宇宙天地这般庞大的坐标系中去定位的，王勃的《滕王阁序》是第一篇。"翼""轸"是否是天宫中的两个著名星宿，不懂天文的我实在不知；但是，"衡""庐"，那的的确确是滕王阁方圆数百里内江南大地上的两座大山。滕王阁能地处衡庐之要冲，实在是能坐镇江南了。

襟三江而带五湖，控蛮荆而引瓯越。

此句用了"互文"的手法，意为南昌大地，鱼米之乡，能以三江五湖为襟带（实际上，我倒觉得说成"襟五湖而带三江"更妥，更符合线面之形）；南昌大地，战略要冲，能控制此处而牵掣彼处。

江南，如果你去过，你一定会因纵横交错的大大小小、长长短短的江河沟渠，以及相互交通的宽宽窄窄、深深浅浅的湖泊池塘而着迷。王勃说，在江南，在南昌大地，衣襟是水做的，衣带是水做的，那么，整件衣服也就都是水做的了。你不必细数"五湖"都有哪五湖，也不必较真"三江"究竟是哪三江，一言以蔽之，南昌大地，本身都是水，周围也都是水，你撑一叶扁舟，想去哪都行。在王勃的眼里，似乎是所有的江河湖泊，所有的水流，都从这里流出，都又流回到这里，在南昌这个地方，在滕王阁的脚下，打了一个大大的结。像是只要一提纲，一挈领，所有的水流都能舞动起来，要不，怎么叫"襟三江而带五湖"呢？

我非军事家，不知道南昌这个地方究竟有多重要的战略意义。自古以来听说过的大战恶战，也鲜有以南昌为战场的，更没听闻过哪个英雄和哪个英雄因为争抢南昌这方土地而杀得昏天黑地的。王勃却说此地很重要，往西可以控制荆楚大地（湖北湖南），往东可以牵掣吴越江山（江苏上海浙江福建）。难怪国共两党都曾将南昌视为"心腹"或是"心患"，看来是我孤陋寡闻了。总之，一"控"一"引"，实在是气势得很。

物华天宝，龙光射牛斗之墟；人杰地灵，徐孺下陈蕃之榻。

对一方水土的高度赞美，莫过于"人杰地灵"了。江南之地，物产丰饶。在那个农业时代，江南的沃土不仅将江南打造成了"鱼米之乡"，更是造就了一大批的文人政客、才子英雄。今日参观滕王阁，你便能在长卷的壁画上，看到一大批曾经生长并闪耀在这方水土上的伟大人物：陶渊明、陆九渊、朱熹、王安石、文天祥、汤显祖、姜夔、欧阳修、曾巩、詹天佑……光是王勃所知晓的，就有秦汉的吴芮、梅鋗、徐稺、唐檀、程曾、陈重、雷义，三国两晋南北朝的聂友、徐整、陶侃、陶渊明、许逊、吴猛、慧远、周访、雷焕、周续之、熊远、雷次宗、胡藩、邓琬、吴迈远、胡谐之、黄法氍，以及隋朝林士弘，当然还有此句中所写到的徐稺、陈蕃（其实，中国的经济文化中心于唐以前并不在江南，自唐以后才骤然繁盛起来。你只要翻一翻唐宋元明清直至民国的英雄历史，那简直就是一部江西地方志）。

雄州雾列，俊采星驰，台隍枕夷夏之交，宾主尽东南之美。都督阎公之雅望，棨戟遥临；宇文新州之懿范，襜帷暂驻。十旬休假，胜友如云；千里逢迎，高朋满座。腾蛟起凤，孟学士之词宗；紫电青霜，王将军之武库。

王勃笔下的南昌，空间上有州邑棋布，时间上有人才辈出。

家君作宰，路出名区；童子何知，躬逢胜饯。

王勃说，自己能享此盛宴，实属三生有幸。是啊，王勃也许连一个名帖都没有接到，他只是要去探望自己那位远在交趾县做县令的父亲。

交趾，现今越南境内的一个小地方。至于王勃父亲为什么会被贬谪到那片遥远的蛮荒之地，家喻户晓，就不必赘述了。

时维九月，序属三秋。

时，时令；序，岁序。维，系也，与"属"同。这似乎也是一句很啰嗦的话：都九月了，还能不是三秋？

潦水尽而寒潭清，烟光凝而暮山紫。

江南秋色，自此写绝。

"潦水"，积水。江南雨后，积水遍地。待得云销雨霁，虹过日起，不多时候，坑洼之处积水渐无，是为"潦水尽"；只剩得大塘小池里，盈盈之水白光点点，加之"一阵秋雨一阵凉"，实为"寒潭清"——清澈，清幽，清冷，清爽。

"烟光"，雾气。江南雨后，雾气满山。待得云遮之日重出云隙，血色的夕阳反照山头，这雨后傍晚的崇山峻岭，顿时间一片紫红。没有亲眼见过这等场景的人，是很难读懂李白所说的"日照香炉生紫烟"的。是啊，好好的山，怎么会像是只大香炉？好好的山，为何又会升腾起紫色的烟来？

阅读需要你的生活经验，否则，你很难仅仅只靠纯粹的文字阅读就能还原作者的意思。

阅读也需要你关注文句本身的前前后后。你看，正因为是连"潦水"都"尽"了，原本因下雨而变得浑浊的大大小小的池塘坑洼，才可能呈现出"寒潭清"的爽心悦目来。正因为是日"暮"时分，才有了山间夕照，才有了"烟光凝"，才有了漫山紫气。

俨骖騑于上路，访风景于崇阿。临帝子之长洲，得天人之旧馆。

王勃此句显然是要通过交代自己前来路上的隆重排场，来表明对"滕王阁"鼎鼎大名的无比景仰。汉代蔡邕《协和婚赋》中有"车服照路，骖騑如舞"的句子，来写婚礼车队之豪华与隆重。同样，所谓"俨骖騑于上路"，就是说自己来的时候，是怀着非常重视的心态，好好准备了一番的。一个"俨"字，本义是恭敬、庄重之意，这里显然用作了动词，意思是"使车马整齐"。如此严整而来，确是敬意满怀。滕王阁不仅楼阁本身很美，就连通往滕王阁的路上，也是一路风景，美得让人应接不暇。王勃说来的路上也没得闲，忙着"访风景于崇阿"了。

王勃还将滕王阁所在之地，赣江之滨，称作是"帝子之长洲"，将滕王阁誉为"天人之旧馆"。这话倒也没错，所谓"滕王"，就是当年唐高祖第二十二子、唐太宗李世民之弟、唐高宗李治之叔，一个名叫"李元婴"的显贵之人。虽未能以天子身份登基为皇，但好歹也出身帝王之家，有着天子血统。因此，王勃对滕王的这般美称，也并不为过。

一"临"一"得"，王勃率领着整齐的车马，渐行渐近，终于来到了滕王阁脚下。

王勃抬头仰望，只见：

层台耸翠，上出重霄。

有其他版本亦将此句录作"层'峦'耸翠"，意指滕王阁所坐落的山冈，重峦叠嶂，郁郁苍苍。单就此句而言，并无不妥。然而，倘真如此，那"上出重霄"一句，显然就得更换主语，由"山"及"阁"了。

因为此处之山，是不可能高出九霄的，况且，要描写滕王阁之气势，没有极言山高的必要。

我不知道王勃的《滕王阁序》是否有真迹留传，即便有，这"台""峦"二字，也很可能因为行草之变，而无法明辨。这大概也正是为何有"台""峦"之争的原因吧。按我自己的理解，我主张此句应为"层台耸翠"。理由是本句和"上出重霄"一样，都是王勃在滕王高阁之脚下，以抬首仰望的视角，对滕王阁自身的"色彩""高度"的描写。主张"层峦"的人，多般以"耸翠"来反驳，认为只有山才有"翠"可言，哪有"翠阁"之理？其殊不知，中国古代（唐）建筑中，房顶瓦檐有琉璃之翠，雕梁画栋有油漆之翠，加之层峦叠翠的青山背景，说是"翠阁"，也无甚偏颇。

再说"上出重霄"，这当然是在极言阁之高耸了，阁底仰视，给人参天的感觉。

那么，登上滕王高阁，俯首下视呢？王勃所见：

飞阁流丹，下临无地。

将这两句和前两句联系起来看，你会更加笃信"层台"之说，因为它们从内容到形式，都对仗得如此工整。

古人将绘画，也称作"丹青"，大概就是和古代建筑的色彩有关的吧。建筑中的色彩，往往是以"丹""青"着笔的。你去故宫看看，去颐和园看看，或者就是去苏州的园林、北京的四合院看看，就能明了。我以为，与其认为前文两句写"翠"这里两句写"丹"，倒不如将"层台耸翠""飞阁流丹"两句看作是互文的手法，共同描绘出了一幅滕王阁的

"丹青"彩画。

再看"层台"和"飞阁"，将滕王阁建筑中"层叠"之稳重与"飞檐"之灵动完美结合的风格，描写得既形象又生动。一句"下临无地"，换了一个俯瞰的角度，又一次极言楼阁之高耸。

既然"下临无地"，王勃只好登高望远。只见：

鹤汀凫渚，穷岛屿之萦回；桂殿兰宫，列冈峦之体势。

远处，寒鸦野鹤，有低回飞翔的，有沉浮戏水的，有悠闲栖息的……沿着江中的岛屿沙洲，不可计数。近处，滕王阁的大小配殿，也是依山而建，高低起伏，"北构西折"，美轮美奂。

我们的古人，在建筑艺术上就是这样，巧妙地利用自然做背景，将"天工"和"人力"最大限度地融合在一起。

披绣闼，俯雕甍。山原旷其盈视，川泽盱其骇瞩。

闼者，门窗；甍者，屋脊。诗人登上高阁，推开门窗，看窗外风景。映入眼帘的是茫茫"山原"，是遍地"川泽"。诗人用"盈视""骇瞩"，描写眼前之景对于视觉的强大冲击。依照阅读经验，文章中若有对"山川"的描写，我们一般都会将这种视角，认定为"平视""眺望"。然而，王勃却在此用一"俯"字，表明自己"居高临下"的"俯瞰"视角，表明天地之大，尽在眼底，实在是狂妄得不可思议。不过，读者若是记起了方才王勃对滕王阁"上出重霄""下临无地"的描写，也就不再会惊讶于他的"俯瞰天地"了吧。

闾阎扑地，钟鸣鼎食之家；舸舰迷津，青雀黄龙之舳。

闾阎扑地，指街巷遍地，说的是洪都府人口众多，城市庞大。不仅如此，大街小巷还尽是"钟鸣鼎食之家"。钟，乐器；鼎，炊具。需击钟列鼎而食，必是富贵之人家。尽管身在高阁的王勃不可能看清哪家哪户正在"钟鸣鼎食"，然而，在王勃的想象中，"物华天宝""人杰地灵"的洪都府，本来就应该如此的吧。而"舸舰迷津"，江边上满渡口的大小船只，王勃大概是可以看得更清楚些的，比如船头的"青雀"和"黄龙"。

虹销雨霁，彩彻区明。

雨停了，彩虹也已逝去，雨洗后的天空，格外地澄澈、明朗。天边的白云，在雨水的返照下，镀上了金色的光彩。我很难用语言描绘出这样的画面来，非你亲临过江南，亲历过秋雨不可。

王勃，山西人，这位来自黄土高原的西北少年，大概是头一回踏上江南的土地，况且又赶上了这样难得的秋雨过后的傍晚，显得很是新奇与兴奋。难怪在他的笔下，秋天秋色，上下左右，高低远近，写得如此详尽。最后，放眼整个天地，王勃看到了一幅之前从未有人在意过、之后也从未有人再见过的千古绝景：

落霞与孤鹜齐飞，秋水共长天一色。

王勃的《滕王阁序》字字珠玑，句句妙绝。有人说，王勃此句系化用庾信《马射赋》中"落花与芝盖同飞，杨柳共春旗一色"一句，从句式结构及表达创意来说，固然可作此联想。然而，倘若说庾信的句子已是经典的话，那么，王勃的这两句话就堪称经典中之经典。它俨然成为了最能代表王勃文才的句子，成了滕王阁的象征（此联也成了重修后的滕王阁一楼大门处的第一副楹联，和"瑰伟绝特"的大牌匾一起，以豪迈的盛情迎接四方游客），也成了江西南昌人们一千多年来的骄傲。我更觉得，和诸多的写景名句（名篇）一样，当年王勃登阁远眺，为后人留下了一幅"只可意会，不可描摹"的胜景：你不能去翻译它（所幸的是，此句自身平白晓畅，无需翻译），你也不能去画它，你更不能妄图在人世间的某个时间某个地方再度寻得它，即便你也守着整个秋日重登滕王高阁，你也绝无可能与它邂逅。

当然，面对美景与美言，我们也不能总是"哑口无言"。"落霞与孤鹜齐飞，秋水共长天一色。"其妙，妙于何？

一位学生，率尔而对："拟人！"我大吃一惊，小心追问。对曰："说'鹜'飞，是可以的；而说'霞'在飞，便是'拟人'。"此语一出，满堂哗然。是啊，即便认为"霞"本不能"飞"，那充其量也只是将"霞"拟作"鹜"，是为"拟物"而已。实际上，将"人"拟作"物"，方为"拟物"。比如，说"我轻轻地飞了起来"，便是"拟物"中的"拟鸟"手法啊。

满堂哄笑中，这位"拟人"的学生看上去有些"赧颜"。

待全场肃静，我轻声说道："尽管本句并未采用'拟人''拟物'的修辞方法，然而，我在读'落霞与孤鹜齐飞'这个句子的时候，越读得多遍，就越会觉出其中的'拟人'味道来。不信你们试试。"

大伙儿读了几遍之后，另一个学生，舍书而作："此句中'落''孤'二字，虽为对自然之物的客观描述，但其间隐含着的，是诗人王勃的

'落''孤'心境。"

太妙了！常说"一切景语皆情语"，到这个时候，我的学生才真正有了主动的体会。"情景交融"，自然不能算是修辞方法，但是，由这种交融所产生出来的艺术效果，却是相同的，甚至是更为高级的。"落"，是霞光隐退的"下落"，也是诗人心中的"失落"；"孤"，是鹜鸟单飞的"孤单"，也是诗人心中的"孤独"。

请回看前文："鹤汀凫渚，穷岛屿之萦回。"在王勃的视线里，明明有那么的鸟，明明到处都是鸟，为什么他只写"孤鹜"飞天？正如此刻的滕王阁大宴，明明是"胜友如云"，明明是"高朋满座"，为什么王勃依然感觉到形单影只？

我提醒学生：诗人在后文中有没有直抒此臆的句子？

有啊："关山难越，谁悲失路之人？萍水相逢，尽是他乡之客。"

在一个"失路之人"看来，在一个似乎觉得"身世漂泊雨打萍"的人看来，"热闹是他们的，我什么也没有"。于是，王勃的眼里，跳过"鹤汀凫渚"，只有"落霞"与"孤鹜"，相依相伴于水天之际。

如果你说这种"落""孤"之意，很有杜甫"飘飘何所似，天地一沙鸥"的感觉，我是有几分赞同的。然而，王勃毕竟不是"百年多病"的杜甫，这位可以"请缨""投笔"的才情少年，要蓬勃得多，昂扬得多。要不，他怎么可能在之后的文字里，高唱"穷且益坚"呢？

其实，给我"拟人"感觉的，还有一个"齐"字。

落霞与孤鹜齐飞，一个"齐"字，绝不仅只是表达"时间上的同时"而已，你细细读它，难道不会心生落霞孤鹜"相邀相伴""比翼"的和美吗？一片"失落"的云霞，一只"孤独"的野鹜，"齐飞"的时候，很浪漫，很温情。谈不上"钟期既遇"，也可谓"相怜相惜"。

"人"与"物"之间的"比拟"，不仅仅表现为一种简单的修辞方法，更是一种由人情观照自然，从自然读懂人情的人性素养（这种素养，充满了智慧与情怀）。

学生又提到了"动静结合"。

此联上句写"霞鹜齐飞"之动态，下句写"水天一色"之静态，确乎"动静结合"。古诗写景，大多有"动"有"静"。比如："人闲桂花落，夜静春山空。月出惊山鸟，时鸣春涧中"，"独怜幽草涧边生，上有黄鹂深树鸣。春潮带雨晚来急，野渡无人舟自横"，"鸟宿池边树，僧敲月下门"，"明月松间照，清泉石上流"……在或静或动的背景前，那或动或静的神来之一笔，便是整个意境的灵魂所在。"落霞与孤鹜齐飞，秋水共长天一色。"浩渺一色的水天背景，干净，透明，安详；冲飞的野鹜，在夕阳落霞的陪伴中，似有愁怨，又显得温暖。虽为动静结合，但本联中动静成分却并不等同，说是"以动衬静"更贴切吧。虽有"胜饯盛筵"，但听不到管弦丝竹；虽有"舸舰迷津"，但听不到人笛喧嚣；虽有"野鹜冲飞"，但也听不到拍翅长鸣。滤去了一切声音的画面，宁静得很。

其中，还有那种被我称为"空间美学"的诗歌意境。在"一色"的"水天"背景前，成片成片的"落霞"在冉冉退去，在落霞的怀抱中，一只"孤鹜"正从"汀渚"飞向天际。有点，有线，有面，一幅立体的图景，在读者的眼前浮现出来。你看，"大漠孤烟直，长河落日圆"，"星垂平野阔，月涌大江流"……王勃的这一句，和所有古诗的景物描写一样，点面结合，层次分明。西落的云霞，和冲天的孤鹜，交相辉映于水天之际，实在是一幅壮丽而温情的画面。

是图画，就还得有色彩。都说"自古逢秋悲寂寥"，然而，王勃笔下的秋色，却灿烂得很。夕阳中血红色的晚霞，倒映在澄澈的江水中，染红了几乎整个原本清爽的天地。一只孤鹜——你可能已经无法辨认它是白鹜还是黑鹜了——以一个黑点的形象，身披霞光，翱翔在水天之间，忽远忽近，忽高忽低。这是一种蓬勃的色彩，一种激情的色彩。尽管登阁望远的王勃正当失意之时，然而，他并没有为这秋日黄昏的江南抹上灰黑的阴霾。这也正是王勃可爱的地方，你读整个《滕王阁序》，都能有此体会。

渔舟唱晚，响穷彭蠡之滨；雁阵惊寒，声断衡阳之浦。

"渔舟唱晚"，江南水乡，夕阳西下，渔舟纷纷归航，江面歌声四起，实在是一幅美到极致的人间画面。汉代学者班固阴差阳错地将原本称谓安徽巢湖的好名字"彭蠡"，张冠李戴地安在了江西鄱阳湖的头上，从此，鄱阳湖也叫"彭蠡大泽"。那是一片波光浩淼的水域，历代文人墨客光临此湖，无不吟诗作词，畅叙幽情。南朝谢灵运有《入彭蠡湖口》一诗，末句写道："徒作千里曲，弦绝念弥敦。"被朝廷外放的谢灵运在彭蠡湖口奏起了愤懑哀怨的《千里别鹤》古琴曲。"黄鹤一远别，千里顾徘徊"，是到了永作归隐决计的时候了，但是心中的一点情愫又如何能够真正泯去？心潮催动着他紧拨快弹，企望让琴音来一洗烦恼。突然断弦一声，万籁俱寂，唯有那无尽愁思在水天之间久久回荡……

衡阳之浦有座"回雁峰"，八百里南岳七十二峰之首，南岳第一峰。相传北雁南来，至此越冬，待来年春暖而归。北雁为何至此不再南飞？当然是此地有最惬意的冬天。请你想象一下：秋天将至，北雁南行，至衡阳不再南飞。此时湘江河畔，堤岸无垠，细沙如雪，芦苇摇曳。雁群在此栖宿，觅食，嬉戏。所谓"平沙落雁"，说的就是彼时彼地的情形。

诗人王勃眼前亦有"渔舟唱晚"之景，晚霞辉映下渔人载歌而归。然而，他念及当年谢灵运彭蠡湖口《千里别鹤》，遂用一"穷"字，传达内心的困窘之情，再动人的"渔舟唱晚"，到了彭蠡湖口，也必将弦断无人听。

诗人王勃的记忆中亦有"平沙落雁"之景，秋日里北雁南飞择沙洲而栖息。然而，那份惬意自然不可能属于自己。于是，他不提"平沙落雁"，只道是"雁阵惊寒"，一个"惊"字，写出心底的无限凄凉。

无论是"唱""穷"，还是"惊""断"，在前文的视觉饕餮之后，这里只剩听觉。

之前，王勃从来时的路，到登临高阁，到推窗远眺，给读者展现了一幅接一幅的精彩图景，让人应接不暇。然而细看细读，你会发现，那是一场无声电影，是一连串的无声镜头。"潦水"无声，"寒潭"无声；"烟光"无声，"暮山"无声；"骖䮵"无声，"崇阿"无声；"层台耸翠"无声，"飞阁流丹"无声；"鹤汀凫渚"无声，"桂殿兰宫"无声；"山原"无声，"川泽"无声……就连"钟鸣鼎食"也无声，"青雀黄龙"也无声……

——或许是"阁"太高，而不闻吧。

可是，王勃偏偏又闻得了"渔舟唱晚"之响，"雁阵惊寒"之声。不仅如此，他还听到了这些声响，回荡在千里烟波鄱阳湖，消逝于千里山峦回雁峰。

——或许，正是"阁"太高吧。

视听结合，给人以丰富的感官享受。尤其是这听觉，更给人以真实而又缥缈的感觉。你会觉得自己仿佛是身临其境了，又忽然会觉得一切似乎都是梦幻。

这当然是梦幻，是王勃的想象。不过，我们总喜欢将"想象"归为一种"手法"，殊不知，"想象"更是一种"胸怀"。诗人因其高而能致于远，因其胸怀宽广，而能视听八方。一个胸中有天地的人，方能立天地之间而无处不可及，这就叫做"有容乃大"吧。"黄河之水天上来"，别人看不到的，李白看到了，因为他胸有"万古愁"。没有胸怀的人，其想象充其量只是由此及彼的一种臆测与虚构而已，绝不能似天马行空。

遥襟甫畅，逸兴遄飞。爽籁发而清风生，纤歌凝而白云遏。睢园绿竹，气凌彭泽之樽；邺水朱华，光照临川之笔。四美具，二难并。

不同的版本，对"遥襟甫畅"一句的载录都不大相同，有记作"遥襟俯畅"的，有记作"遥吟俯畅"的，也有记作"遥吟甫畅"的；并且，各有各的充足的道理。不过，不同的句子，都同为极言"兴致之高"。如果就一"甫"一"遄"的呼应关系而言，我还是赞同"遥襟甫畅，逸兴遄飞"一说。意思是，诗人登高望远，辽阔的天地和辽远的遐想，使得自己胸怀浩渺，这种心境刚刚舒畅，心底的飘逸的情怀又快速地升腾起来。从后文内容看，诗人显然是从眼前的壮阔的美景，转而开始叙写文人的雅兴。

籁，这里泛指丝竹管弦之类的乐器。

丝竹乐语，伴着清风而起，纤美歌声，止住了白云的脚步。眼前（抑或是身后）的文艺雅会，不禁让人想起梁孝王睢园的骚客宴集，想起彭泽陶潜（陶渊明），想起临川谢公（谢灵运）。今比之昔，又盛之矣。

关于"四美具，二难并"的理解，方家多异议。我所使用过的教材在注释中的说法，均将"四美与二难"解释为："良辰、美景、赏心、乐事；贤主，嘉宾"。谢灵运的《拟魏太子邺中诗集序》中曾有"天下良辰、美景、赏心、乐事，四者难"的说法，按本文的写作背景将"二难"归释为"贤主嘉宾"也是可能的。另一个说法则认为这和前后文的语境不甚相合。此句之前文分别从"乐、宴、文、言"四方面白描了滕王阁宴会之盛况，而后生发"四美具，二难并"之感慨，那么，所谓"四美二难"必应与其关联才是，且有考证。《文选·答卢谌》（刘琨）一文："音以赏奏，味以殊珍，文以明言，言以畅神。之子之往，四美不臻。澄醪覆觞，丝竹生尘。素卷莫启，幄无谈宾。既孤我德，又阙我邻。"

唐代有一位专讲《文选》的大学者李善为此下注："四美，音、味、文、言也。"可见，在魏晋、南北朝以至隋唐时期，此说法是具有广泛性和代表性的，王勃以此为典，有稽可考。"二难"的考证也许稍显困难，似乎仅在《世说新语·规箴》中有相关表述的影子："何晏、邓飏令管辂作卦云，不知位至三公不？卦成，辂称引古义深以戒之……晏曰：'知几其神乎，古人以为难；交吐诚，今人以为难。今君一面尽二难之道，可谓'明德惟馨'。"因而"二难"指的是"明德"，即明哲、坦诚；文中"二难并"那就是说宴会宾主皆明哲又坦诚。朱东润先生在《中国历代文学品选》中好像也是取了这一注解。不过，就文意通畅来说，两种说法均没有什么大不可的，这种异议，也留与相关专家去辩证吧。无论哪种说法，实质上都指向一个核心：人。与合适的人在一起，才有所谓良辰美景，才有可能是赏心乐事；也才有可能有好的音乐，好的宴食，好的文章，好的言谈。贤主嘉宾，也必定是明哲坦诚之交。这的确是一件很难"齐全齐美"的事情，可遇不可求，人生难有几回得，竟被少年王勃赶上了，不仅赶上了，自己还成了盛会之主角，不亦美哉！

人生有至乐：四美具，二难并！

穷睇眄于中天，极娱游于暇日。天高地迥，觉宇宙之无穷；兴尽悲来，识盈虚之有数。望长安于日下，指吴会于云间。地势极而南溟深，天柱高而北辰远。关山难越，谁悲失路之人？萍水相逢，尽是他乡之客。怀帝阍而不见，奉宣室以何年？

穷极理想的广袤与自由之后，往往就是现实的逼仄与桎梏。天也高，地也厚，唯有人很矮小；在宇宙之存在面前，人类实在是个短暂的过往。大地宽而无边，大海深而无底，天空高而无顶，星辰远而无路。长安，吴会，似乎就在目之前方，又绝非目之可及。天地之大，人生渺小；理想很丰满，现实太骨感。一代才子少年王勃，在那个学而优则仕的时代里，在人生报负往往必须寄望于圣主明君的社会里，自然也开始慨叹征途不易，报志无门。

最喜欢这两句：关山难越，谁悲失路之人？萍水相逢，尽是他乡之客。无论是求学、求仕、求商，乃至寻亲、寻友，每个人都有自己需要越过而又难以越过甚至从未越过乃至绝不可能越过的"关山"。在这样的路途中，"失路"之人，往往也是大多数。人们容易见到别人之得，而放大自己之失；加之"失路"之意又无法与人言说，于是，又往往且失且孤独。滕王盛宴，当是高朋满座，也当是兴味相投的。然而，匆匆而聚，定又匆匆而散，此时之把酒言欢促膝而谈，也不过是兴之所至。人生聚散，宛若浮萍，漂转起沉，都无力做主，更何况"尽是他乡之客"（王勃是在历经几番仕途风波乃至性命之险后，前往交趾探亲的路上，偶遇滕王盛宴。"豫章故郡，洪都新府"，也不是故乡，也不见亲人）。

嗟乎！时运不齐，命运多舛。冯唐易老，李广难封。屈贾谊于长沙，

非无圣主；窜梁鸿于海曲，岂乏明时。所赖君子见机，达人知命。老
当益壮，宁移白首之心？穷且益坚，不坠青云之志。酌贪泉而觉爽，处
涸辙以犹欢。北海虽赊，扶摇可接；东隅已逝，桑榆非晚。孟尝高洁，
空怀报国之心；阮籍猖狂，岂效穷途之哭！

今天说"时运不济"一词，大概就语出于此，王勃慨叹自己仕途不顺，
并紧接着借助一大串用典，宣泄怀才不遇之情。

《史记》中有冯唐的简单记载："（冯）唐以孝著，为中郎署长，事
文帝。……拜唐为车骑都尉，主中尉及郡国车士。七年，景帝立，以唐为
楚相，免。武帝立，求贤良，举冯唐。唐时年九十余，不能复为官。"人
生易老，时运已晚；年且九十，尚能饭否？美人迟暮，是自古英雄才子
内心之中最大的恐惧。"冯唐已老"是愤愤的悲叹；"冯唐易老"是窃窃
的疾呼。

《史记》当然少不了有关李广的记述："李广与从弟李蔡俱事汉，
蔡为人在中下，名声出广下甚远，然广不得爵邑，官不过九卿，而蔡
为列侯，位至三公。"军功卓著，却未得封侯进爵，就此一段，飞将军
的光辉高大的形象，就让多少人为此黯然神伤。所谓命运不公，苍天
无眼。

毛泽东曾撰诗一首《咏贾谊》："少年倜傥廊庙才，壮志未酬事堪哀。
胸罗文章兵百万，胆照华国树千台。雄英无计倾圣主，高节终竟受疑猜。
千古同惜长沙傅，空白汨罗步尘埃。"贾谊，文帝时博士，曾任太中大夫，
著名政论家（同学们应该学过他的《过秦论》《论积贮疏》等），终不敌
同僚排挤，备受谗毁，被贬为长沙王太傅。其迹深似屈原，故司马迁在
《史记》中将屈贾同传。巧合的是，贾谊自己就写过一篇《吊屈原赋》。

梁鸿之事见于《后汉书》，是贫穷出鸿儒的典范，因一首《五噫歌》（一共五句诗，每句后面有一个"噫"字）触怒龙颜："陟彼北芒兮，噫！顾览帝京兮，噫！宫室崔嵬兮，噫！人之劬劳兮，噫！辽辽未央兮，噫！"他将统治阶级与被统治阶级的生存状态来了个对照白描，惹得汉章帝派人一路追捕，梁鸿只好一路流窜。就是逃亡路上，也不忘留下一个"举案齐眉"的美谈，之后闭门笔耕，著作颇丰。

史有"文景之治""明章之治"的说法，证明在文帝章帝时期，不能不说是一个圣明时代。而即便生得如此逢时，也难免遭屈贬，难免要流亡。王勃说，所幸"君子见机（一说'安贫'），达人知命"。人不能因为年老而变节，也不能因为贫穷而丧志。"酌贪泉而觉爽，处涸辙以犹欢。"饮贪泉之贪或不贪，全在个人，"试使夷齐饮，终当不易心"。身处涸辙，尽管所得甚少，亦无妨欢心乐享。所求虽远，努力终可达；盛年不在，而晚成亦大器。人生重在有所作为，而非孟尝阮籍那样独守清高，避世寡居。

勃，三尺微命，一介书生。无路请缨，等终军之弱冠；有怀投笔，慕宗悫之长风。舍簪笏于百龄，奉晨昏于万里。非谢家之宝树，接孟氏之芳邻。他日趋庭，叨陪鲤对；今晨捧袂，喜托龙门。杨意不逢，抚凌云而自惜；钟期既遇，奏流水以何惭？

《汉书·终军传》："终军，字子云，济南人也。年十八，选为博士弟子。太守甚奇之，与交结，军揖太守而去。至长安上书言事，武帝异其文，拜军为谒者给事中。……南越与汉和亲。乃遣军使南越，说其王，欲令入朝，比内诸侯。军自请曰：'愿受长缨，必羁南越王而致之阙下。'

军遂往说越王，越王听许，请举国内属。越相吕嘉不欲内属，发兵攻杀其王及汉使者，皆死。军死时年二十余，故世谓之‘终童’。”毛泽东《清平乐·六盘山》中有诗句“今日长缨在手，何时缚住苍龙”，就化用了终军请缨的典故。

《后汉书·班超传》：“班超，字仲升，扶风平陵人，徐令彪之少子也。为人有志，不修细节；然内孝谨，居家常执勤苦，不耻劳辱。有口辩，而涉猎书传。……家贫，常为官佣书以供养。久劳苦，尝辍业投笔叹曰：‘大丈夫无他志略，犹当效傅介子、张骞，立功异域，以取封侯，安能久事笔砚间乎？’左右皆笑之。超曰：‘小子安知壮士志哉？’”有怀投笔，是王勃说自己和班超一样有着“投笔从戎”的报国理想。

《宋书·宗悫传》：“宗悫字元干，南阳涅阳人也。叔父炳高尚不仕，悫年少，问其所志，悫答曰：‘愿乘长风破万里浪。’”李白诗云“长风破浪会有时，直挂云帆济沧海”，即出语于此。

自古书生，都有个英雄美梦，腹有五车书，就该胸藏百万兵；且以为精忠报国，唯有沙场。所以，廉颇项羽、孔明周瑜、班超宗悫、李广岳飞，都是文人偶像。王勃也借此再次表达自己怀才不遇、报国无门的悲慨。既已如此，无奈只好舍弃一生的功名追求，跋山涉水，去侍奉父亲。自己并非像“谢家宝树”那般优秀，但好似因孟母择邻般有幸和诸位贤达相聚；改天一定登门拜访，临听教诲。今天能在此拜见阎公（等前辈），堪比喜登龙门。当年司马相如要不是因杨得意的引荐，怕是只能守着他的赋文孤芳自赏；如今既已遇见诸位知音，我才不揣鄙陋斗胆捉笔，以为此序。

呜呼！胜地不常，盛筵难再。兰亭已矣，梓泽丘墟。临别赠言，幸承恩于伟饯；登高作赋，是所望于群公。敢竭鄙诚，恭疏短引。一言均赋，四韵俱成。请洒潘江，各倾陆海云尔：

滕王高阁临江渚，佩玉鸣鸾罢歌舞。

画栋朝飞南浦云，珠帘暮卷西山雨。

闲云潭影日悠悠，物换星移几度秋。

阁中帝子今何在？槛外长江空自流。

很多人只知道王勃写了《滕王阁序》，而不知道他同样也写了《滕王阁诗》。其实，读罢王勃的这首《滕王阁诗》，你照样会被王勃的才情所深深折服。也就是说，即便没有《滕王阁序》，单凭这首七律诗，王勃的名字也将永远镌刻在滕王阁的墙壁上。后人提及有关滕王阁的诗文时，几乎同时会想到王勃的《滕王阁序》，并且，几乎只会想到王勃的《滕王阁序》这篇赋文，而很少有人想到，实际上，自古以来的文人墨客，就滕王阁题过太多太多的诗词，它们全都黯淡在《滕王阁序》的光芒之中，其间，就包括王勃自己的这首《滕王阁诗》——这首王勃自己说"一言均赋，四韵俱成"的七律诗歌。

我们一起来读一读王勃的《滕王阁诗》：

滕王高阁临江渚，佩玉鸣鸾罢歌舞。

首句以一"临"字，极言阁之"高"。"临"这个字，在表示"到""在""地处"等意思的时候，是具有"等级"意味的。我们平常所说的"光临""莅临"，都表示了对所到之人的尊敬之情。有成语叫做"居高临下"，就是最典型的佐证。"临"字的造字本义，就是"站在高处向下看"的意思。"临渊羡鱼""东临碣石"等词语中的"临",都有着"居高而下望"之意。

此处王勃用一"临"字,描述滕王阁地处大江之畔,与"高阁"之"高"相呼应,写出滕王阁高耸而立,大有"临下"之势。

接下来的所谓"佩玉鸣鸾罢歌舞"一句,当属虚写。自当年滕王建阁之始,滕王阁就是一处欢乐之所在,自然少不了日日把酒,夜夜笙歌。因此,在王勃想来,不仅今日阁公大宴,往日的滕王阁也一定是灯红酒绿,载歌载舞的。如此一想,读者眼前的这座矗立于历史的烟雨之中的滕王阁,仿佛依旧显现着当时的繁华与奢靡。说它为虚写,指的就是诗人将滕王阁置身于历史的时间长河之中,用了"回忆性想像"的虚笔,给读者呈现了一幅虚幻的图景:往日的繁盛,与现时的楼阁,跨越时空,交织在一起。

画栋朝飞南浦云,珠帘暮卷西山雨。

有些版本将本联记作:画栋朝飞南浦云,朱帘暮卷西山雨。所不同的就是这个"朱帘"和"珠帘"。我个人以为,除非是王勃当年一时笔误,要不然,王勃绝不会将滕王阁的窗帘写成"朱帘"。

我在教学中所使用的教材,写的就是"朱帘"。我曾让我的学生找找教材中该诗的错别字,他们几乎都揪出了这个"朱"字。理由有很多:

第一,"朱"为"红"色,且为"大红"色。例如:"转朱阁,低绮户,照无眠","雕栏玉砌应犹在,只是朱颜改"。古代楼阁建筑中,无论是柱梁门窗,还是直栏横槛,大多都是朱色的红漆。若再配上朱色的幕帘,岂不朱红得一塌糊涂?

第二，从律诗对仗来看，上联"画栋"为"名词+中心语"的偏正结构，下联相应的，也应如此。但是，"朱帘"为"形容词+中心语"，显然不对。而"珠帘"，正好。

第三，也是最关键，最涉及诗歌实质的理由，从诗意上看，上联"栋"之"画"和"南浦"之"云彩"相呼应，下联"帘"之"珠"与"西山"之"雨珠"相匹配，这是王勃滕王阁诗所创造的绝美意境。王勃用这么两个呼应，极言滕王阁之高耸入云。如今滕王阁楼匾上依然写有"江山入座"的字样，就是对王勃此联诗句的最好诠释。

闲云潭影日悠悠，物换星移几度秋。

阁中帝子今何在？槛外长江空自流。

王勃的这首《滕王阁诗》，实际上是一首标准的七言律诗。前两联写景，后两联抒情。且看王勃抒发了怎样的情感。

王勃站在滕王阁上，看到了"潦水尽而寒潭清"，看到了"秋水共长天一色"，当然也看到了"闲云潭影"，想到了"物换星移"，想到了沧海桑田之后，曾经的繁华褪尽，只有江水不变，只有楼阁依旧。

最能表达这个情感意思的，当属尾联中的一个"空"字。中国古典诗词里，经常用"空"字来表达"物是人非"的寂寥与落寞之感。

此类例子俯拾皆是：

"山围故国周遭在，潮打空城寂寞回。"

"黄鹤一去不复返，白云千载空悠悠。"

"映阶碧草自春色，隔叶黄鹂空好音。"

"江雨霏霏江草齐，六朝如梦鸟空啼。"

"碧野朱桥当日事，人不见，水空流。"

"二龙争战决雌雄，赤壁楼船扫地空。"

正如文中所说"胜地不常，盛筵难再。兰亭已矣，梓泽丘墟"，王勃在序文末尾也借诗一首，感慨"繁华易尽""世事无常"。

今天我们所能见到的矗立在赣江之滨的滕王阁，竟是它的第二十九版模样。就是当年阎公会宴之滕王阁，也是仿修之阁。区区二十年，也难现其原本妆容。风雨飘摇和桑海沧田之中，无论是楼以人兴，还是人因楼名，江南烟雨中的每一处亭台，都是一场楼阁与文人之间的惺惺相惜。

音　频　版　入　口

爱，自由，美

——读《再别康桥》

徐志摩，本身就是一个故事。

《再别康桥》，被多少爱诗歌的和爱诵读的人所喜爱。

很多人对徐志摩的印象以及对"新月派"诗歌的了解，大概都是借了《再别康桥》来进行的，甚或有很多人只单凭这首诗就以为完成了对徐志摩及新月派的了解。从做学问来讲，这未免太过偏颇，尽管它是代表作品；不过就平常的阅读来说，也未必不可以。徐志摩曾满怀深情地说："我的眼是康桥教我睁的，我的求知欲是康桥给我拨动的，我的自我意识是康桥给我胚胎的。"可见，康桥之于徐志摩，是何等的意义了。读徐志摩，你可以再读《沙扬娜拉》，可以再读《我不知道风是在哪一个方向吹》，可以再读《翡冷翠的一夜》，但更要读《再别康桥》。

我认为，诗歌和其他文体作品的最大区别，在于诗歌是用来朗读的。古人称朗读为"吟诵"（虽带着"口"字偏旁，知其必为口之动作，但今人大多已经不知道何为"吟"了），实在是恰切。诗歌是必须吟诵的，哪怕只是"朗读"也好。徐志摩的诗歌美学里，音乐美是第一追求。他说过："明白了诗的生命是在它的内在的音节的道理，我们才能领会到诗的真的趣味；不论思想怎样高尚，情绪怎样热烈，你得拿来彻底的'音乐化'，才能取得诗的认识。"他认为"诗化"其实就是（起码主要就是）"音乐化"。因此，这首《再别康桥》便成了历来朗诵家们津津于口的首选作品。

　　我听过很多名家的朗诵，在语气语调轻重缓急抑扬顿挫等方面，他们各自都有各自的处理方式。教授本诗的时候，学生们也来问我"该怎么读"，我回答说"你认为该怎么读就怎么读"或者"你觉得怎样读着舒服就怎样读"吧。不是吗？每个读诗的人也都有着各自不同的生活体验以及对诗歌的不同理解，何必强求呢？一首优秀的诗歌作品，就是要让不同的人在其中找到各自的影子，并产生各自不同的共鸣点。你若只是个学生，那你就读出对母校的感激与眷恋来；你若有过爱情，那你就读出恋爱的美妙与伤感来；你若有过梦想，那你就读出追梦的欢欣与苦楚来……（实在不行，你就当作是自己第二次作别九寨沟也可以的。）你若都有，那你一定就能读得更好，不需要什么朗诵原则，也无需别人指点。

　　要欣赏这首诗歌，请先朗读吧。一遍一遍地诵读，读到你喜欢得不得了为止——那时，你止也止不住了。

　　然后再听我说说我的读后感。

　　轻轻的我走了，
　　正如我轻轻的来；
　　我轻轻的招手，
　　作别西天的云彩。

　　很多人都能用一句"轻轻的我走了"来标榜自己也是读过徐志摩的，

这恰好表明了读者难以忘却或不舍忘却的"轻轻"之重。在英文里，无论是将其翻译为"quietly"还是"softly""gently"，其表达效果都无法和一个"轻轻的"相比，因为，汉语有"叠词"，叠词有音韵的乐感，有复沓的力度，有萦绕唱叹的悠扬，有不绝如缕的沉醉。更何况，徐志摩这一叠，就是三个呢。

"轻轻的我走了，正如我轻轻的来；我轻轻的招手，作别西天的云彩。"

诗歌的开首，没有声音，却有浓郁的晚霞的色调。这晚霞，既是我招手作别的对象，又随着我的走而渐行渐远，远成了"我"作别康桥时热烈的背景。这热烈，又和"轻轻"相对比，无声无息的拉扯中，撕裂着"我"的依依眷念。

"离别"，之所以会成为人类的千古惆怅，正是因为有了那些挥之不去不招自来的有关往昔的美好回忆吧；徐志摩也是。于是，诗歌紧接着就展开了这样的回忆。

那河畔的金柳，
是夕阳中的新娘；
波光里的艳影，
在我的心头荡漾。

此处的"新娘"，究竟是不是在暗指"林徽因"，我们不得而知，可以是，也可以不是。但是，将柳树比作新娘，的确是徐志摩的大胆。夕阳下的婀娜的柳姿，实在是像极了婀娜的少女，这只是形似，更难得的是这样的比喻，使得无生命的景语，化作了有生命的人语，不仅摇曳生姿，还顾盼生情。见过很多结婚照，虽不喜欢那些镁光灯下的故作情态，但也还是喜欢摄影师所设计的大海边夕阳下的相互偎依。淡去了容貌，淡去了腼腆与兴奋，只是一幅金色的背景和镶了金边的剪影，那是一种金色的幸福，是一种金色的长久。

为什么是柳树？康河边只有柳树？未曾考证。

不禁想起朱自清的《荷塘月色》里写着"路的一旁，是些杨柳，和一些不知道名字的树"，还有"荷塘的四面，远远近近高高低低的都是树，而杨柳最多"。为什么还是柳树？朱自清只认识柳树？未曾考证。

这些问题，你若是硬要去考证一番，那必定会成为文学阅读史上的又一笑柄。然而，有些东西，是不能不去搜索一下的，比如：

"此夜曲中闻折柳，谁人不起故园情？"

"惹将千万恨，系在短长枝。"

"垂柳万条丝，春来织别离。行人攀折处，闺妾断肠时。"

"为近都门多送别，长条折尽减春风。"

"扬子江头杨柳春，杨花愁杀渡江人。"

"念柳外青骢别后，水边红衣袂分时，怆然暗惊。"

"楼前绿暗分携路，一丝柳，一寸柔情。"

还有我们更熟悉的：

"渭城朝雨浥轻尘，客舍青青柳色新。劝君更进一杯酒，西出阳关无故人。"

"今宵酒醒何处？杨柳岸，晓风残月。"

唐诗宋词里，借"柳树"写"离情"的诗句俯拾皆是，远在《诗经》中就有"昔我往矣，杨柳依依"的句子，用以渲染离别之情。其实，这已是中国文学的一大传统，就好比是借月思人"举头望明月，低头思故乡"一样。

柳树，长得也确实是太"耳鬓厮磨""纠纠缠缠"了，不仅是那被称作"柳丝"的"柳"字和"挽留"的"留"字谐音，"丝"字和"思念"的"思"字谐音，就是那"万条垂下绿丝绦"的万千柳条，也真给人"剪不断，理还乱"的遐想。俗话说："有心栽花花不开，无心插柳柳成荫。"鲜花好看但不长久，所以中国人没有送花的传统；倒是柳枝不媚却易活，所以古人习惯折柳相送，江南水北房前屋后都可插而成荫，也便睹物思人。

于是，在徐志摩的记忆里，康河岸边最富柔情的生命，就当属这"河畔的金柳""夕阳下的新娘"了。如若将这新娘和诗人最爱而不得的林徽因联系起来，如若将这新娘和每个读者自己心中的最爱而不得的恋人联系起来，我想，任何人都会从此对"夕阳下的柳树"产生莫名的喜欢来。这就是诗歌或者说是文学的魔力吧，是一篇散文，带我们喜欢上了海上看日出；是一部小说，带我们喜欢上了女孩的眼泪；是一出戏剧，带我们喜欢上了北京的大碗茶；是一首诗歌，带我们喜欢上了离离原上草；是徐志摩的《再别康桥》，带我们喜欢上了新娘般的金柳。

软泥上的青荇，
油油的在水底招摇；
在康河的柔波里，
我甘心做一条水草。

"青荇"，你一定见过的，就是那根在水底叶在水面中间有着长长的茎的一种水草；叶多呈心形，远看像莲；偶尔还开几朵小黄花；看上去墨绿墨绿的一大片，映得水面一派生机。

你若读过《诗经》，就对它不陌生了。"参差荇菜，左右流之。窈窕淑女，寤寐求之。"那"荇菜"就是"青荇"了。这是《关雎》中的诗句，讲的是青年男子们对于美好女子的思慕与追求。为何借"荇菜"来写相思？自然也是因为荇菜具有"相思"所要求的诸多特点，比如柔软，绵长；比如容易生长，随波摇曳；比如缠缠绵绵，纠纠结结。才会使得男子们"寤寐思服""辗转反侧"。

徐志摩依然是大胆的，他说："在康河的柔波里，我甘心做一条水草。"

先前写柳树时说"波光里的艳影，在我的心头荡漾"，那是将无生命的客体，化成了有生命的主体，好像是金柳的艳影主动漾上"我"的心头似的，"我"是"被荡漾"了。而此时写"青荇"，主还是主，客还是客，是"我""甘心"地要主动投入康河的怀抱。主客体的变换，在这两节诗歌里表现得出神入化。不过请再细细地读一读吧，这里究竟谁是"主"，谁是"客"？是金柳的艳影荡漾在"我"的心头，还是"我"的心头铭刻着夕阳下的新娘？是"我"投进了康河的怀抱，还是康河融化了"我"的柔情？似乎又很难分清，大概这就是中国文化里所谓的"物我合一"了吧。

> 那榆荫下的一潭，
> 不是清泉，是天上虹；
> 揉碎在浮藻间，
> 沉淀着彩虹似的梦。

如果说前两节里，还是"我"和"康河"的卿卿我我的纠结的话，那么，这里写到的"榆荫下的一潭"，分明就是一潭融化了"我"的"梦"的甘醴，再也分不出你我来。于是，整节诗句里，没有一个"我"字。但是，任何一个读者都清楚，那潭里"沉淀着"的"彩虹似的梦"，分明就是诗人"我"的梦：也许是"我"的求学梦，也许是"我"的爱情梦，也许就只是"我"的一切有关康河的美好记忆……

还有那个问题，为什么要写"潭"呢？写康河清清浅浅的水不就可以了吗？大概是要写水之深吧，"潭"就是因水深而得名的。李白有过写到"潭"的诗句，"桃花潭水深千尺，不及汪伦送我情"。李白借"潭"，是要和"情"相比，写出纵然潭深，也不及情深。可见，"潭"，就有了"深刻""深切"的意味。徐志摩在写到了"柳"和"荇"的缠绵柔情之后，又加上"潭"之深切思念，真是匠心良苦。早在《诗经·鄘风·定之方中》篇中就有"秉心塞渊"的诗句，便是用"渊"来形容"深沉"。

《再别康桥》一诗中的许多意象的灵感，和以《诗经》为代表的中国传统文化之间有着千丝万缕的联系，在诗人身上折射着传统文化的光芒。一个民族的文学是有血脉的，这个血脉就是一连串的传统意象来贯通的。风花雪月，松梅竹菊，诗酒书画……古今相通。所以，如今之人可以回溯千年读懂"秦时明月汉时关"，江南之人可以跨越千里读懂"高高秋月照长城"，徐志摩可以飞渡大洋横贯东西将"窈窕淑女"写进"康河之洲"。

寻梦？撑一支长篙，
向青草更青处漫溯；
满载一船星辉，

在星辉斑斓里放歌。

但我不能放歌，

悄悄是别离的笙箫；

夏虫也为我沉默，

沉默是今晚的康桥！

　　既然康河有"梦"，那此趟欧洲之旅康河之行，便一定是为着"寻梦"而来了。在诗人想来，倘若能撑一只船去溯流寻梦，那就一定能载回满船的"星辉"。这"星辉"，是年轻的理想，是当时的欢乐，是曾经的爱情……是所有那些值得为之放声高歌的美好过往。

　　然而，过往纵使再美好，终究只是过往：理想是年轻的，欢乐是当时的，爱情也只是曾经的。当五六年的时光悄悄流走，当年的康河或许也已物是人非。在康河的柔波里，这位多情善感的诗人还有很多生怕触碰的回忆，比如当年的那个"不可教训的个人主义者"，比如当年的那位兼有了才华和美丽的绝代佳人。因此，这些"彩虹似的梦"像极了"彩虹"，不仅是太阳一出就会消逝得无影无踪，就连正灿烂的当时，不也只是被"揉碎"在浮藻之间沉留在水底的虚幻的影子吗？

　　放歌，歌唱什么呢？

　　只有"沉默"。

　　万不可以为"沉默"意味着情感的陡然直落，相反，本诗的情感书写到这里，才是真正的高潮，是诗歌情感张力最为巨大的时候。"无声处"可以有"惊雷"，"无声处"可以有"春雨"，无声的沉默，可以有最激烈的情感，最强大的力量。和西方人的肤浅的直爽相比，东方人的含蓄反而蕴藏着最深刻的挣扎。苏轼说"相顾无言，唯有泪千行"，柳永说"执手相看泪眼，竟无语凝噎"，白居易说"东船西舫悄无言，唯见江心秋月白"……不都是在沉默中压抑着的爆发与喷薄吗？诗人用一管冷箫，将离别的惆怅吹奏得十分冷静，静到连"夏虫也为我沉默"，静到连"沉默"都能成为今晚康桥的主题。不是无话可说，不是无情可发，不是无悲可叹，不是无泪可流，而是一切都尽在怀抱。

胡适先生在《追悼徐志摩》一文中写道："他（徐志摩）的人生观真是一种'单纯信仰'，这里面只有三个大字：一个是爱，一个是自由，一个是美。他梦想这三个理想的条件能够会合在一个人生里，这是他的'单纯信仰'。他的一生的历史，只是他追求这个单纯信仰的实现的历史。"一个崇尚"爱"，崇尚"自由"，崇尚"美"的诗人，在故地再别的时候，实在是不需要悲悲戚戚，不需要一步三回头，不需要肝肠寸断。

因而，历来的朗诵家们在处理这两节的时候，总是困难的，总是极具个性的，总是难以认同他人却又无法自我满意的。我说，读这样的诗歌，得用心血沥出来才好。

　　悄悄的我走了，
　　正如我悄悄的来；
　　我挥一挥衣袖，
　　不带走一片云彩。

依旧是和诗歌开篇一样的感觉，只是很多学生问我，为什么要由"轻轻"换成"悄悄"。参考了很多大家的说法：有人说"'轻轻'表达了一种近乡情更怯的心理"，可诗歌分明不仅说了"轻轻的来"，还说了"轻轻的走"；有人说"'悄悄'更能表现离别时的不舍"，可诗歌说"我挥一挥衣袖"又分明是有着几分决绝的气魄和洒脱的。我只好说："前文中有'悄悄是离别的笙箫'，所以就很自然地用了'悄悄'结尾。"我这很难回答到能令他们满意，或令自己满意。

很多时候，诗歌的美，甚或文学的美，或整个艺术的美，是不好说明缘由的。不信你问徐志摩自己，他也未必知道。试问，将该诗歌首尾的"轻轻""悄悄"互换一下位置，难道有什么说不通的逻辑吗？难道不依然是首好诗吗？（只是在"轻轻是离别的笙箫"一句中韵脚不合而已；不过，改成"轻轻是离别的箫笙"不就妥了？）教书备课的时候，发现很多老师喜欢拿这样的问题来问学生："文中'轻轻'和'悄悄'互换一下可以吗？为什么呢？"很多练习册也没少编着这样的题目。其实，有什么不可以？先入为主，罢了。即便是不可以，那也不一定有什么说得清道得明的理由，往往只是读起来的感觉，罢了。总之，我也觉得徐志摩用的实在是好，不知他是用心推敲过的，还是全不费功夫的自然天成。但是"好在哪"，我说不好。

还是回到开篇时的一句话来：多读读吧，诗歌，一定要读，非读不可的。

"轻轻的我走了／正如我轻轻的来／我轻轻的招手／作别西天的云彩……"

相爱不能相守。人世之情，终无完美。

美学"空手"道
——读《米洛斯的维纳斯》

不妨将本文看作是清冈卓行的一篇美学小品文。

说到"美学",几乎没有人不知道什么东西是美的——尽管各人关于"是否美"的标准不一;但是,也几乎没有人知道"美是什么"——至少几乎没人能说明白。马克思所以为的"美是人的本质力量的感性显现",是我比较认同的说法。这话说得基本没有什么能引人质疑之处,只是如何让这个"深入"的理论能够使人"浅出"地理解,却成了大问题。于是,长久以来,以"美"为话题的散文小品便层出不穷,"美",成了文学中的一个亘古主题。

清冈卓行是在欣赏到维纳斯雕像的时候——这是一尊没有胳膊的半裸女性的大理石雕像,获得了关于"美"的一些启迪,他说:

> 我欣赏着米洛斯的维纳斯,一个奇怪的念头忽地攫住我的心——她为了如此秀丽迷人,必须失去双臂。

他所获得的"美"的启迪的确非一般地"奇怪":哪有姑娘"为了美",反而"必须失去双臂"的?现在的姑娘为了"秀丽迷人"的美,有增白增高的，有隆鼻隆胸的；即便有瘦身的，有去皱的，有除斑的，也没见谁砍去了手脚的呀。

我们来思考另外一个话题：失去双臂之前的完好无缺的维纳斯，美吗？在这个认为"必须失去双臂"的清冈卓行看来，先前完整的雕像，美吗？

没有人（现在活着的人）见过完整的有着双臂的维纳斯雕像，以前见过的人，也没有留下任何描述性的文字，那就只好就这现在眼前的这尊残缺的没有双臂的雕像来推测一下，幸好，这尊雕像的大部分是完好如初的。

清冈卓行写道：

毋庸赘言，米洛斯的维纳斯显示了高贵典雅同丰满诱人的惊人的调和。可以说，她是一个美的典型。无论是她的秀颜，还是从她那丰腴的前胸伸延向腹部的曲线，或是她的脊背，不管你欣赏哪儿，无处不洋溢着匀称的魅力，使人百看不厌。

在清冈卓行看来，无论是体态还是气质，无论是容颜还是曲线，无论是前胸还是脊背，这一切和"双臂"无关的地方，米洛斯的维纳斯都呈现出了难得的美丽。可以说，这是一尊在比例、线条、造型等各方面都堪称完美的雕塑，她"调和""匀称"，她"高贵典雅"。

然而，他却说："她为了如此秀丽迷人，必须失去双臂。"奇怪！

请注意，这话里的"必须"一词，还包含着两层意思：

第一，必须失去（双臂）。也就是说，维纳斯的美丽，正在于她失去了一点什么，在于她的残缺不全，在于她的不完整性。那就可以推断为，之前完整的维纳斯是不美的，至少没有现在这么美，美到成为卢浮宫的镇馆之宝。

第二，必须（失去）双臂。也就是说，维纳斯的美丽，正在于她失去的是双臂，而不是别的部位。倘若维纳斯所失去的，是别的部位，哪怕是几根头发，都不能达到现在的美的效果，甚至可能会因此变得更不美。

这两点都使人费解，难怪作者自己都说是被"一个奇怪的念头忽地攫住"了心。接着，作者用另一句话来解释了自己所获得的奇怪念头：

也就是说，使人不能不感到，这座丧失了双臂的雕像中，人们称为美术作品命运的、同创作者毫无关系的某些东西正出神入化地烘托着作品。

"某些东西"，是什么东西？作者没有说明，只强调了它是"美术作品的命运"，却又"和创作者毫无关系"。虽有这么两个定语，然而依然不好理会，那就暂且搁下。

作者在谈到这尊雕像是如何失去双臂时，是这样描述的：

据说，这座用帕罗斯岛产的大理石雕刻而成的维纳斯像，是19世纪初叶米洛斯岛的一个农人在无意中发掘出来的，后被法国人购下，搬进了巴黎的罗浮宫博物馆。那时候，维纳斯就把她那条玉臂巧妙地遗忘在故乡希腊的大海或是陆地的某个角落里，或者可以说是遗忘在俗世人间的某个秘密场所。

那失去了的双臂，一定是在挖掘或搬运的时候，不小心被碰断了，碎了，再也无法安上了。然而，作者却描述得十分浪漫，说是"她"自己把它"遗忘"了。遗忘在故乡，那一定是为了乡愁；遗忘在"俗世人间的某个秘密场所"，那一定是为着超凡脱俗了。

作者又说：

不，说得更为准确些，她是为了自己的丽姿，无意识地隐藏了那两条玉臂，为了漂向更远更远的国度，为了超越更久更久的时代。

如果说"遗忘"，是一种完全的不自觉的状态，那么，"隐藏"，就多多少少是一种自觉行为了，尽管这种隐藏是"无意识"的，那也有了"故意"的成分。"为了漂向更远更远的国度，为了超越更久更久的时代"，不就是为了追求一种跨越时空的永恒的美丽吗？

作者又说：

对此，我既感到这是一次从特殊转向普遍的毫不矫揉造作的飞跃，也认为这是一次借舍弃部分来获取完整的偶然追求。

这回的用词是"追求"，其"自觉"的成分就又大得多了。当然，这种"追求"，绝不是创作者的有意为之，和之前的"遗忘""隐藏"一样，都是"偶然"的结果：或是挖掘，或是搬运，或是争抢……两只悬空的胳膊，自然是首当其冲。

这种"偶然"，当然是"和创作者毫无关系的"，是"美术作品的命运"，就是出神入化地烘托着作品的"某些东西"，方才搁置的疑惑，至此了然：

至此了然：

米洛斯的维纳斯虽然失去了两条由大理石雕刻成的美丽臂膊，却出乎意料地获得了一种不可思议的抽象的艺术效果，向人们暗示着可能存在的无数双秀美的玉臂。

是啊，自古以来的诸多的艺术门类里，像这样因偶然的命运而带来的意想不到的"不可思议"的美，还少吗？就说那"窑变"吧，就因其无法复制只能天成而神奇得很，甚至还会因此而诞生出许多美丽的传说来。然而，制造出这种美妙的，却往往是一些"裂纹""色差""形变"等这些在创作者的规则里属于"败笔"的东西；就好比是匠人一不小心撞断了雕像的胳膊。

正像不是所有的出乎意料都可以成为"窑变"一样，也不是所有的残缺了某个部分的雕像都可以成就出一尊米洛斯的维纳斯来。奥妙在于那所残缺的空白的部分，要能带给欣赏者以情不自禁的想象的欲望和无限的想象的可能。

那失去了的双臂正浓浓地散发着一种难以准确描绘的神秘气氛，或者可以说，正深深地孕育着具有多种多样可能性的生命之梦。

作者认为，米洛斯的维纳斯的残缺的双臂，便是带给了欣赏者关于"生命之梦"的无穷尽的想象的可能。何谓"生命之梦"，就是一种作为人所不可或缺的生命本质和生命行为。双臂，换言之，胳膊，或就是"手"，那是曾经并正在规定着人的本质的生命的机能。人之所以为人，正是由于人能制造和使用工具而从此有别于其他一切动物，这一功劳，就正归于人的这从四肢中解放出来的被称为"手"的双臂。因此，人不能没有手。人的劳动工种，人的神情心理，都能由双手的姿态来传达。换言之，人的双手的姿态，又一定传达着人的此时此刻的劳动工种和神情心理。于是，凡是面对着维纳斯雕像的人们，无不在心里设想着眼前的这位半裸着的美丽女子，她的双手究竟在干什么？她此时微微挂着的笑容究竟是什么意思？

比如，也许她的左手掌上托着一只苹果，也许是被人像柱支托着，或者是擎着盾牌，抑或是玉笏？不，兴许根本不是那样，而是一座显露着入浴前或入浴后羞羞答答的娇姿的雕像。而且可以进一步驰骋想象——会不会其实她不是一座单身像，而是群像中的一个人物，她的左手搭放在恋人的肩头。

这些想象是无法逃避的，并且是完全个性的，和每一位观众自身的"生命之梦"紧密关联。应该正是由于这样的无穷尽的想象，引得人们愿意长久地驻足在雕像面前，仔细端详，努力揣摩，极尽想象之能事；而又一遍一遍地推翻自己刚才还自以为是天才的设计，终究不忍离去。

这就是由"偶然"带来的"神秘气氛"，在中国艺术里叫做"留白"。中国的艺术大师往往都是"留白"的大师，方寸之地亦显天地之宽。徐悲鸿的《马》，齐白石的《虾》，虚实相生，"无画处皆成妙境"。只不过所谓的"留白"，是创作者的有意为之，而米洛斯的维纳斯的"偶然"，却是完全由作品的命运来造就。这种全然来自天命的"偶然"之功，自然给人以更多的震撼，使人在几乎不可遇且绝对不可求的"天命"面前叹为观止。

这就是为什么"她为了如此秀丽迷人，必须失去双臂"的第一层含义："必须失去"。因为在清冈卓行看来，正是这样的"失去"，造就了一次"从特殊转向普遍的毫不矫揉造作的飞跃"，一次"借舍弃部分来获取完整的偶然追求"。

"特殊"和"部分"，意味着"这一个""这一种"。无论当初的创作者设计了怎样精妙的双臂，无论如今的欣赏者给她重新安上怎样精妙的双臂，只要成为"这一个"，那么，这双臂所表达着的意义就是唯一的，就是"特殊"的，就是"部分"的，它只符合某一个人或某一类人的需要。而"普遍"和"整体"，却意味着"无数个""无穷尽"。在空白面前，谁都是创作者，谁都可以将自己的"梦"移植到维纳斯的"生命"里，从而使作品具有"普遍的""整体的"美。因为这种"生命"与"梦"的合作，可以造就出更具魅力的"第二世界"，这个世界的主宰权至少有一半属于欣赏者。"特殊"和"部分"的一方是"受到限制的、不充分的'有'"，而"普遍"和"整体"的一方却是"包孕着不尽梦幻的'无'"。关于"有"和"无"的辩证法，在东方文化里是如此的神奇。中国人深谙其道，同为东方文化圈的日本人清冈卓行，也了然于心。

因此，作者写道：

选择出来的任何一种形象，都如我方才所述，根本不能产生超越"丧失"的美感。如果发现了真正的原形，我对此无法再抱一丝怀疑而只能相信时，那我将怀着一腔怒火，否定掉那个真正的原形，而用的正是艺术的名义。

"艺术的名义"，就是艺术的创作要给欣赏者留有必要且足够的余地，而切不能将欣赏者的权利剥夺一空。并且，任何经历了"命运"的作品，都应获得尊重。任何妄图极力要将"窑变"的作品再恢复到创作者的初衷的想法和做法，必然是极其愚蠢的。

因此，对我来说，关于复原米洛斯的维纳斯那两条已经丢失了的胳膊的方案，我只能认为全是些倒人胃口的方案，全是些奇谈怪论。

人们只要一度被这神秘气氛所迷，必将暗自畏惧两条一览无遗的胳膊会重新出现在这座雕像上。哪怕那是两条如何令人销魂勾魄的玉臂！

当然，最为费解的疑惑还是"她为了如此秀丽迷人，必须失去双臂"的第二层含义："必须是双臂"。为什么"除了两条胳膊之外，其他任何部位都丧失不得"？

譬如说，眼睛被捅坏了，鼻子缺落了，或是乳房被拧掉了，而两条胳膊却完好无损地安然存在着，那么，这座雕像兴许就不可能放射出变幻无穷的生命光彩了。

知道"留白"，那叫懂得了方法；而知道在哪里"留白"，就是懂得艺术了。

眼睛，鼻子，还有乳房，这些不都是女人们竭尽心思去"美化"的部位吗？难道不重要？难道它们的"失去"，就不能带给人们以无限的遐想？比如它们的大小啦，形状啦……一样可以有多种多样的想象的余地的呀。"为什么丧失的部位必须是两条胳膊呢？"

作者写道：

说得更确切些，是手。

作者认为，"手"，在人的存在中是有着"象征意义"的。

它是人同世界、同他人或者同自己进行千变万化交涉的手段。换言之，它是这些关系的媒介物，或者是这些千变万化交涉的原则性方式。

前面我已经提到过"手"之于人的重要意义，这里借清冈卓行的话再做点阐释。

人的身体中，用以"同世界、同他人、同自己"进行"交涉"的器官，应该是很多的，绝不仅仅只是手。然而，"手"的交涉却往往是具有"原则性"的。如果你贪财，你尽可以瞪着金子般的眼光对着别人的钱财使劲地看，但是莫伸手，伸手便为盗贼；如果你好色，你也尽可以噙着口水对着别人的美貌看到发呆，但是莫伸手，伸手便为流氓。想起多年前的一个笑话，某校教导处为了惩罚学生早恋又怕伤及无辜，便需要对早恋进行界定。这条男女生"正常交往"和"非正常交往"的界线，还要求划在量变到质变的零界点上。经过很长时间的激烈讨论，大家形成了一致的决议："牵手"。且不论这个决议是否科学，但起码说明在大多数人的认识里，"手"的交涉，是一种带有"原则性的"方式。

正因为如此，一个哲学家所使用的"机械是手的延长"的比喻，才会那么动听，文学家竭力赞颂初次捏握情人手掌时的幸福感受的述怀，才会拥有不可思议的严肃力量。

人为什么要制造工具？大概就是由于"手"太重要而又太有限的缘故吧，要不，那些称作"机械"的东西，为什么大多都是用手来操作的呢？"机械是手的延长"，到底是哲学家，竟比喻得如此精妙。

那文学呢？《诗经》里说"执子之手，与子偕老"，《雨霖铃》里说"执手相看泪眼"。都说"白头偕老"，我总觉说得太虚；倒不如说"纵使白头仍携手"，来得实实在在，有色有形。诗人陈敬荣在《雨后》里说："我们手握着手心靠着心，溪水默默地向我们倾听。"所谓"得于心而应于手"者，不也正说明了"手为心声"么？

正因为如此，作者在文章的末尾写道：

背负着美术作品命运的米洛斯的维纳斯那失去了的双臂，对这些比喻、赞颂来说，却是一种令人难以相信的讥讽。反过来，米洛斯的维纳斯正是丢失了她的双臂，才奏响了追求可能存在的无数双手的梦幻曲。

一位如此美丽的女子，却是以一个失去了双臂的形象展现在世世代代的人们面前，这的确是"一种令人难以相信的讥讽"。然而，她的美，她的秀丽迷人，竟然恰恰就是在于由这空荡荡的双臂所引发的无穷尽的想象之中。作者说，她用缺失的双臂，奏响了最美丽的梦幻曲。

说到这里，还有两个问题有必要再交代一下：

第一，很多人会认为维纳斯的美就是"残缺美"，甚至还可以说，不仅是艺术作品中，人生中的一些"残缺"，也是美的，甚至更美。并且，人们还可以搜罗出许许多多的证据来。比如：圆月似盘，残月似钩；比

173

如：圆满是美，遗憾也美。这种说法看似有道理，但绝不是清冈卓行在本文中所谈及的由"偶然的失去"而带来的出乎意料的惊人的美。其实，并非所有偶然造成的残缺都带给人美感和想象。

据说我国安徽当涂太白楼，曾有一尊绝妙的李白雕像。在那半卧的彩色泥塑像中，诗仙欠身舒臂，手中高擎一只酒杯，那"举杯邀明月，对影成三人"的孤独又怡悦之情活灵活现。不想有一天，一位莽撞的游客不小心把酒杯挤坏了。照理说，游人会因此而获得对"酒杯"的无尽的想象的呀，然而，事实是整个塑像顿时失色，游人无不痛心。有好心者遍请名师巨匠，雕了数以百计的各种质地的酒杯，却始终无法恢复原像的神采。这偶然带来的却是永久的遗憾。还有那云冈、龙门的石窟中那众多的、在历史的偶然与必然中残缺破败着的、或无头或短臂少腿的佛像，带给人的除了对曾有的辉煌无从寻觅的痛心疾首，更多的便是对无知的痛恨了，哪里还有什么美丽可言呢？

而米洛斯的维纳斯呢，她的丧失并不影响她的整体美感，甚至因为她丧失的是在"人的存在中具有象征意义的"手，使无数的可能活跃在人们的想象中。这一次偶然的丧失就变成了恰到好处的丧失。所以作者说"那丧失的双臂中，人们称为美术作品命运的、同创作者毫无关系的某些东西正出神入化地烘托着作品"。这"同创作者毫无关系的某些东西"指的就是大自然中的偶然所成就的一份意趣吧。艺术作品常常因为神来之笔而传世。这种"偶然""自来"，意味着平淡天真，毫无造作，没有斧凿痕迹，也叫"天趣"。

曾有人说："艺术的最高技巧便是无技巧。"艺术的最佳效果便是由雅而淡，由淡而偶然，艺术的最高境界是类似于陶潜的"云无心以出岫"的自然境界。多少艺术家把"偶然"作为难能可贵的艺术风格，追求意、笔交融，心、手两忘，浑然天成。要想于性情中生情趣，达到"无意为佳"的艺术效果，需要经过多少"有意为佳"的勤修苦练啊。而这一切在米洛斯的维纳斯，轻而易举地就实现了，竟实现于完全无意的偶然丧失中。这种偶然真是天赐的机缘和巧合，是不可重复的神来之笔的创造，如何不叫人叹为观止呢。由此可见，决定"美术作品命运"的东西不一定都是人力可为。自然界的鬼斧神工不断地创造着奇迹，也毁灭着奇迹。米洛斯的维纳斯应该是自然与人工合作的完美产物吧。

第二，总揣着侥幸心的人们也许还会心生这般侥幸：是不是我将一尊雕像的双臂砍去，就会诞生第二个米洛斯的维纳斯？这当然是个极端的笑话。但是，不是每个人都能明白这其中的道理的。徐悲鸿画马，不用画出大漠草原，那是因为在马蹄上已经有了大漠草原；齐白石画虾，不必画出江河湖水，那是因为在虾须上已经有了江河湖水；米洛斯的维纳斯可以失去双臂，那是因为她双臂之外的部分，已经足够秀丽迷人。

再说了，"偶然"的天命，哪是人事可以求得的？

去卢浮宫吧！那里有断臂的维纳斯。

音 频 版 入 口

第三篇

说到底

王之为王
——读《齐桓晋文之事》

齐宣王问曰："齐桓、晋文之事可得闻乎？"

宣王问得很家常，他似乎只是希望孟子为他讲述一些关于祖辈们的事情。可是，他所要打听的这两位人物——齐桓公、晋文公，却并不寻常，那可都是春秋霸主，是英雄人物。尽管宣王问得很含蓄，孟子心里却十分清楚：宣王是要仿效先王，称霸当世。——在这个"霸道"横行的时代，宣王的心思，是司马昭之心，路人皆知。

对于这个提问，孟子一定是不愿意回答的。他怎么可能向这位霸心勃勃的宣王谈兵论战呢？于是，孟子找了个借口，以规避"齐桓晋文之事"。

孟子对曰："仲尼之徒无道桓文之事者，是以后世无传焉，臣未之闻也。无以，则王乎？"

孟子找了个"借口"，他说"我的老师没教过我这些"。孟子曾受业于孔子后人子思之门人，至于他的老师究竟教没教过，我们不得而知，

179

但是，就始终宣扬"王道"的儒门传统而言，孟子的"借口"自然是站得住脚的。既然如此，宣王的此次问话，就可以在孟子的"抱歉"声中就此打住了，他也应该不会觉到太多的遗憾。

遗憾的应该是孟子。这位和孔子极其相似的颠沛流离的儒门勇者，一生致力于宣扬"王道"，一生致力于"辟邪说""匡天下"，他怎么能够轻易放弃一个和君主面对面的交流机会呢？——尽管他心里也很清楚，眼前的宣王，"霸心"坚定。因此，他没等宣王来得及结束谈话，就赶紧补充了一句："无以，则王乎？"意思是说，如果一定要我说说的话，那我就介绍一下"行王道"吧。

"如果一定要说说的话"，宣王未必非要"说说不可"，估计是孟子的一厢情愿。不过，这位宣王倒还是很给面子，不仅允许孟子转换话题继续谈论，而且，还虚心请教：

曰："德何如，则可以王矣？"

宣王问："要怎样的德行，才可以行王道呢？"由此看来，宣王已然知道"德"乃"王道"之本，是行"王道"的前提和基础，是必要条件，是决定因素。宣王也是自知"德行"不够的，于是问得也有几分心虚。

宣王的这个问题看似简单，但实际上又是一个很难回答的问题。一方面，"德"是一个无法量化的概念。另一方面，孟子更不能用"圣人""君子"的标准，去要求眼前这位满心要称霸的宣王。于是，既要回答宣王的问题，又不能一两句话将其吓跑，孟子也许想了想，说：

曰："保民而王，莫之能御也。"

这话让宣王听起来一定会有"原来如此简单"的感觉："保民"，就可以了；不仅可以，还"莫之能御"。

关键是何为"保民"？

按照现代汉语的常用义项，"保"，即"护"。那么，"保民"，就是"保护百姓"了，就是要为百姓的人身和财产不受侵犯提供国家层面的保障。如何"保民"，有且只有两项举措：法制（刑）与军事（兵）。如此一来，"保民"之道，就无异于"霸道"了。孟子所谓"保民"，显然不是此意。

且看汉字"保"。甲骨文中，"保"字之形，俨然母亲怀抱婴儿之状。《说文解字》有言：保者，养也。由此看来，"保""养"同义。今人常说的"保养"（无论是"身体"，还是"汽车"），就是这个用法吧。难怪"保姆"和"保安"，虽其名称同有一"保"字，但其职责却大相径庭。再如："褓""堡"。

因此，孟子所谓"保民"，意指"养民"，有似于今天的时髦名词"民生"：为百姓的生存（乃至发展）提供必要的（日益丰富的）物质保障。这种"国家目标"是指向内部的，它不同于"霸道"的外向性；是内修，不是外张；是自存，不是排他。这，大概是宣王所从未思考过的问题。

　　曰："若寡人者，可以保民乎哉？"
　　曰："可。"

"像我这样的人，也能'保民'吗？"看上去，听起来，宣王似乎是被孟子的"保民"一说吸引了，并且十分谦虚地希望得到孟子的肯定。可是，"若寡人者"一句，足以证明宣王的自知之明（他也深知孟子对自己的了解）："保民"之德，"寡人"大概是没有的。所以，宣王的话语中，更多的是挑衅，是给孟子出难题。

然而，出乎宣王意料的是，孟子给了他一个大大的奖赏："可。"真"可"吗？未必。但是，孟子大概是为了能够有一个向宣王宣讲王道的机会，能够使得谈话有继续的可能，采取了一种"拍马屁"的手段，送给宣王一个大大的惊喜而已吧（每次读到这里，我都会联想起"教育心理学"中长篇累牍地提倡的"鼓励教育""成就教育"来：为了使教育成为可能，在这一点上，何其相似）。

曰："何由知吾可也？"

曰："臣闻之胡龁曰：'王坐于堂上，有牵牛而过堂下者。王见之，曰："牛何之？"对曰："将以衅钟。"王曰："舍之！吾不忍其觳觫，若无罪而就死地。"对曰："然则废衅钟与？"曰："何可废也？以羊易之。"'不识有诸？"

曰："有之。"

受宠若惊的宣王，脱口问道："凭什么知道我可以呢？"

孟子用一句奉承，惹得宣王一面心花怒放，一面又难以置信。在卖了一个大关子之后，孟子似乎是有备而来，突然提起了宣王当年"以羊易牛"的"佳话"。

这的确是一段"佳话"，一个"良心大大"的故事。一个君王，能够因一头牛的"觳觫"而良心发现且大发慈悲，并当即赦免了这头"无罪而就死地"的可怜的牛，实在是别无他例。当然，宣王也不可能因为这点同情心而废除了衅钟大典，便"以羊易之"。在宣王看来，这实在是一个"两全其美"的办法。

或许是很久没人提起这段"佳话"了，也或许是没人理解自己的一番好心，齐宣王带着十分的惊喜，带着知遇的感激，理直气壮地承认了自己当年的善良，说道："有啊。"当然，宣王在惊喜的同时，肯定也满心诧异：孟老叟不谈"保民"不谈"王道"，反而提起这点鸡毛蒜皮的小事儿来，干嘛？

孟子自然是有自己的意图的。

曰："是心足以王矣。百姓皆以王为爱也，臣固知王之不忍也。"

孟子不仅当着宣王的面，替宣王提及了"当年之善"，而且还要让宣王知道，自己是他的少有（甚或是唯一）的"知音"：大家都以为您是吝啬，而我就知道您是善良，是于心不忍。不但于此，孟子还将宣王的这份"善良"（不忍之心），直接抬高到了"王道"的层面上，说："您有这心，就足以行王道了。"

哪有人不喜欢被人理解，被人夸赞的呢？尤其是君王。刚才还自觉不行的宣王，一下子听到了孟子如此之高的肯定，实在是有些得意忘形了。一个人不被众人理解的时候，是孤独的，是无奈的；而一个人一旦遇着了知音知己的时候，就难免得寸进尺。宣王就是这样，这不，你听听他的牢骚：

王曰："然，诚有百姓者。齐国虽褊小，吾何爱一牛？即不忍其觳觫，若无罪而就死地，故以羊易之也。"

"是啊，是啊，的确有这样的百姓啊。唉，齐国虽小，我能吝啬一头牛吗？"宣王对别人"吝啬"的责难，十分生气，好不容易遇着了孟子这样的高级知己，还不借此痛快地发泄一下？他接着说："我是看不得那牛在那儿发抖，它这般无罪赴死（多可怜啊）。因此，我才用羊换了牛。"

宣王的字里行间话里话外，流露出对百姓的不满与不屑。这一点，孟子是看在眼里，听在心里的。对于宣王的泄愤，孟子不满。

曰："王无异于百姓之以王为爱也。以小易大，彼恶知之？王若隐其无罪而就死地，则牛羊何择焉？"

孟子说："大王您也不要诧异于百姓说你吝啬。"言外之意，宣王"以小易大"的行为，看上去就是"吝啬"嘛。尽管宣王确乎是因为"于心不忍"而"以羊易牛"，但是，一个见不得牛"觳觫"的人，怎么就能忍心让羊"觳觫"呢？

孟子说："牛羊何择焉？"

这的确是一个问题，一个从未有人思考过的问题，——宣王更是没想过：杀一头牛，残忍；杀一头羊，就不残忍吗？勒死一只鸡，残忍；蒸熟一只螃蟹，就不残忍吗？踩死一只蚂蚁，残忍；折断一根韭菜，就不残忍吗？

难怪乎宣王的心里，尴尬得很。

王笑曰："是诚何心哉？我非爱其财而易之以羊也，宜乎百姓之谓我爱也。"

此处宣王第一次"笑"了。

宣王觉得自己是被误会了，实际上也的确是被误会了。只不过，这场误会似乎是不可避免的，连他自己都承认，百姓的误解是有道理的。那么，这是怎么回事呢？为什么自己的一番好心，却被人指责为"吝啬"？宣王很是委屈。

> 曰："无伤也，是乃仁术也，见牛未见羊也。君子之于禽兽也：见其生，不忍见其死；闻其声，不忍食其肉。是以君子远庖厨也。"

孟子会咄咄逼人地论辩，会循循善诱地引导，也会很是时候地慰藉一颗受伤的心灵。在宣王疑惑不解满心委屈的时候，孟子说："没关系的，这正是您迈向'仁'的道路啊。"事实上，宣王之心离"仁"很远，可是，孟子为了帮助宣王树立"行王道"的信心，始终在给宣王以积极的鼓励。

一个因善良而"以羊易牛"却遭受百姓诟病的宣王，怎么也无法想通其间的究竟；一个因没想过"牛羊何择"问题而刚刚被孟子批评过的宣王，怎么就反倒有了"仁术"了呢？还是孟子的一句话点醒了个中奥秘："见牛未见羊也。"孟子指出，宣王的"仁善"是有局限性的，他的"仁善"之心，只能施及眼前觳觫的牛，却无法施及未在眼前但同样（甚至更加）会觳觫的羊。也就是说，宣王的"仁善"，在眼里，而不在心中。

其实，这已经是"君子"的标准了。"看到它活着的样子，就不忍心看着它被杀死；听到它哀号的声音，就不忍心吃它的肉。"这是君子之于禽兽的态度，是君子之于禽兽的"仁善"。尽管无论是"见"也好，还是"闻"也罢，也都只是"感官上的仁善"，但毕竟已经将"仁善"的条件从必须"亲眼所见"降到了"亲耳所闻"亦可。

于是，"君子远庖厨"。

君子不涉庖厨之事，不务庖厨之业，又要求"食不厌精，脍不厌细"，岂不"伪善"？或者说，道德既然禁止杀害牲畜，那岂不也要求人人食素？几乎每次讲授此课，学生都会提出这些问题，并爆发激烈的讨论，难解难分。

然而某年某月某班的一个学生说了一句惊世骇俗的话，使得这种讨论几乎无法继续。他说："难道'蔬菜'就不是生命？"是啊，处在地球生态食物链最高端的人类，倘若要维持自己的生存，就必然要以消灭其他生命为代价：无论是吃荤还是食素。为了生存，谁吃了谁——无论是人吃了牛羊，还是虎狼吃了人，都不为过，这弱肉强食的行为其本身是一件和道德无关的事情：《老人与海》中，老人是英雄，鲨鱼就不是英雄吗？

那我们还吃不吃肉？当然要吃，不仅要吃，还要吃出艺术，吃出文化来。

关键是怎么个吃法，怎么个艺术法，怎么个文化法。只图自己一时的口腹之愉，便弃他物苦痛之不顾，无论其美味几何，我想，那都是称不得艺术，算不上文化的。为了维护自己的生命而杀害食物链上另一个更低端生命，原本是无可厚非的；而有人喜欢虐杀，并以虐为乐，还标榜为艺术或文化，那就有点心理变态了。倘若我们在为得自己的口腹之需而向另一个物种索取性命的时候，能够心怀一点敬意和感恩，或者给予最低标准的尊重，大抵是应该的吧——这也是人吃牛羊，和虎狼吃牛羊的区别，是人性之所在。今天的我们，无法像古之君子那样绝对地"远庖厨"，很多时候，杀鸡宰鹅还得我们自己动手。有这份人性在，便也无妨我们的君子理想。

遥远的古代，君子们能自觉地"远庖厨"，就能想到"众生平等"，就能尊重生命，实在是崇高得很。

王说，曰："诗云：'他人有心，予忖度之。'——夫子之谓也。夫我乃行之，反而求之，不得吾心；夫子言之，于我心有戚戚焉。此心之所以合于王者，何也？"

齐王由方才的"笑"，变成了很高兴的样子，并引来了《诗经》中的名言名句来夸赞孟子。尽管文中没有描写宣王的表情神态，但一个"说"（悦）字，足以让我们听到宣王爽朗的笑声。夸人，自然有夸人的不同目的和相应的方式。单是为了拍人家的马屁，那么，宣王只要夸孟子聪明即可。可是，宣王是不能这样的，因为自己是王。凡是夸别人，都是要以贬低自己为前提的，那么，以君王之尊，怎么去夸人？宣王很聪明，他知道，既要夸赞别人，又不能贬低自己，那就得夸人家"简直就是我的'知己'"，所谓"他人有心，予忖度之"。夸人"知己"，这是极其高妙的一招，不仅夸赞了人家的聪明，更是抬高了自己的聪明。不是吗？"我"宣王的聪明之心，从没有人看懂过，今天被你孟子看懂了：你孟子真够聪明的啊，居然连我的心思你都能看明白。你说，这是在夸别人呢，还是在夸自己？

宣王说："夫我乃行之，反而求之，不得吾心；夫子言之，于我心有戚戚焉。"意思就是：我这样做了，可我怎么也想不明白我自己为什么要这么做；你一说，真是说到我心里去了啊。这话我是相信的，的确，我们很多时候都无法十分清晰地解释我们自己的一些做法的缘由和动机，而这恰恰是文学审美中的一个重要的前提。我们在与某篇文章产生共鸣的时候，我们在阅读的过程中对作者的某些观点表示颔首会心的时候，其实，就是"他人言之，于我心有戚戚焉"。文学家的价值，也许就在于通过自己的文字，去书写别人的心思。

宣王只是不知道："此心之所以合于王者，何也？"我是有这份心，然而，这份"远庖厨"的所谓君子之心思，和行"王道"之间，有什么关系吗？

曰："有复于王者曰：'吾力足以举百钧，而不足以举一羽；明足以察秋毫之末，而不见舆薪。'则王许之乎？"

曰："否。"

我在这之前已经讲过，聪明的人，在教育别人的时候，总是"不愤不启，不悱不发"。他一定要激起对方的主动的强烈的求知欲之后，才开始传播他的道理。并且，对方越是想直接地知道答案，他反而越发地"娓娓道来"。

这不，在宣王的直截了当的追问下，孟子又开始了他的"迂回之术"，说起了和话题似乎毫无关联的东西。他说：

"假如有人向您禀告说，他的力气很大，他可以举起百钧之重物，却举不起一支羽毛；他的视力很好，可以看清楚秋天鸟身上的细细的绒毛，却看不见一整车的柴火。您相信吗？"

此处的"许"字，解释为"答应"，未尝不可。但是，根据语境，孟子问的是"信不信"的问题，因此，还是解释为"相信"更为妥当吧。

面对这么荒谬的说法，宣王当然说"不信"了。

辩论中有所谓的"设口袋"一说，意思就是要使对手不知不觉地陷入自己布设下的圈套而不可自拔。倘若要对手钻进自己的口袋，那么，这个袋口就要足够大，大到人家根本看不出这是一个有进没有出的"口袋"，并且，走进这个口袋，只有一条路。要达到这种效果，就要用步步设问的方式来完成。而最重要的是如何设问。其一，问题要环环相扣，步步紧逼；其二，问题的答案只有"是"或"不是"，并且，这个答案应该是"地球人都一样"。

孟子论辩中的设喻，都是为了给对手设定一个这样的口袋。我们说孟子也好，庄子也好，韩非子也好，他们都喜欢在论辩或文章中采用"设喻""寓言"等方式，其实，目的都是这个。

好，既然大王您不相信这个人，既然您的观点与我相同，那么，以下我说的，您也应该是认同的吧。那我就来替您分析一下，这个人为什么会这么荒唐。

"今恩足以及禽兽，而功不至于百姓者，独何与？然则一羽之不举，为不用力焉；舆薪之不见，为不用明焉；百姓之不见保，为不用恩焉。故王之不王，不为也，非不能也。"

孟子说，不要嘲笑犯这种"荒唐之言"的人，其实，大王您不也是这样吗？您"以羊易牛"，昭告自己的"仁德"之心。可是，既然您的"仁德"都能到达禽兽牲畜的身上，那为什么就不能荫及百姓呢？——这是为什么呢？

孟子并没有就此得出宣王"假慈悲"的结论。孟子很是智慧，尽管他十分清楚宣王的"以羊易牛"是"见牛未见羊也",是极其狭隘的恻隐之心,是有大局限的"仁德",但是孟子也知道,如果自己的评论让宣王过于难堪,将更不利于谈话的进展。于是,孟子将宣王"恩足以及禽兽,而功不至于百姓"的原因,归结在"不为,而非不能"上,毕竟,"不为",比起"不能"来说,要冠冕得多。

还是用那个"荒唐之人"为说头。其实,孟子在这段话里,给了"荒唐之人"一个十分冠冕的台阶。人世间"不用力""不用明"的所谓"不为"者,其实是很多的。"荒唐之人",并不"荒唐",只是一个"无意识"的"懒惰"者而已。大王,您的问题,也只是如此,罢了。

经孟子这么一解说,看来,"不为者",罪过并不大。于是,宣王放心地问:

曰:"不为者与不能者之形,何以异?"

是啊,无论是"不为者",还是"不能者",他们表现出来的状态或结果,都是一样的,那么,我怎么去区分别人究竟是"不为"还是"不能"呢?或者说,我怎么去知道自己什么时候是因为"不为",而什么时候是因为"不能"呢?

这的确是个问题。孟子的回答,依然是"设喻"。很多时候,当我们面对一些很难说清的问题的时候,当我们似乎觉得"只可意会,不可言传"的时候,我想"设喻",是一个好办法。

曰:"挟太山以超北海,语人曰'我不能',是诚不能也。为长者折枝,语人曰'我不能',是不为也,非不能也。故王之不王,非挟太山以超北海之类也；王之不王，是折技之类也。

孟子举了两个例子来对比说明，一件是"挟太山以超北海"，一件是"为长者折枝"。

为了例举一件"诚不能"（也就是"确实是不能"）的事情，孟子不惜想象，说"挟泰山以超北海"。此处"超"字解释为"跨越"。至于孟子所说的"北海"，究竟是哪一片海域，大概是没有人知道了。先秦古人常说"北海""南海"，我们也只需要将其理解为或北或南的一片海水就可以。当然，这"北海"，一定是一片极为宽广的水域——要不，庄子会说"北冥有鱼，其名为鲲，鲲之大，不知其几千里也"？如此一来，人要凭借一己之力，跨越北海，怎么可能呢？这还不够，为了让读者不得不认同此事"诚不能"，确实不可为，孟子还将事情的难度加大，"挟太山"，那就是要求这个"超北海"的人，还要在他的胳膊底下夹着一座"太山"。世间当然没有这样的"能人"。

至于孟子提及的第二件事情，"为长者折枝"，后世的翻译家们却有着不同的解法。有人将其理解为"替年长者折树枝（以做手杖）"，"折枝"，就是"折断树枝"的意思。也有人将其理解为"向年长者弯腰（鞠躬行礼）"，"折枝"，就是"弯腰"的意思，这显然是将"枝"判定为"肢"的通假字，解为"腰"，好似后人诗歌中所谓的"摧眉折腰"。且不论究竟解释为哪种意思，但是，孟子所提及的这件事情，一定应该是一件极其容易做到的事情，不管是"折断树枝"也好，还是"弯腰行礼"也罢。当然，这两种理解中的两件事情，都没什么难度，基本都可以和"挟泰山以超北海"形成鲜明的对比，并且，从理论上来说，都行得通。那就都认可吧，各取所好就是。"为长者折枝"之事，世间原本人人可为，只是有些人"不为"罢了。

孟子说这么两件事情，目的何在？当然是要宣王对号入座。宣王的"号"，就是后者——"折枝"之类，所谓"不为"，而非"不能"也。面对二选一的选择题，我以为，即便孟子不说，宣王自己也没什么别的选择。

于是，孟子继续宣讲：

老吾老，以及人之老；幼吾幼，以及人之幼：天下可运于掌。诗云："刑于寡妻，至于兄弟，以御于家邦。"言举斯心加诸彼而已。故推恩足以保四海，不推恩无以保妻子；古之人所以大过人者，无他焉，善推其所为而已矣。今恩足以及禽兽，而功不至于百姓者，独何与？

本段话，我以为是本篇中最为精彩的文段之一。对于宣王"见牛未见羊""恩及禽兽，而功不至于百姓"的困惑，孟子一语道破。他说，关键在于能否"推恩"。

所谓"推恩"，意指"推及恩惠之心"。此处之"推"，有"推及"的意思，也就是"推而使之广"。这里我认为应该包含三层意思：其一，推己及人。比如儒家所谓"己所不欲，勿施于人"，就属于此类。其二，推少及众。比如所谓"与少乐乐，与众乐乐，孰乐？曰：不若与众"，便属此类。其三，推近及远。所谓"远人不服则修文德以来之"，当属此类。在本文中，此"推恩"一词，还当有"推牛及羊""推禽兽及百姓"的意思吧。

此段话中还藏了一句千古名言："老吾老，以及人之老；幼吾幼，以及人之幼。"请注意，很多人将这句话翻译成"尊重自己的老人，以及别人的老人；爱护自己的孩子，以及别人的孩子"，那就大错特错了。尽管大致意思没有大不同，但是，这种理解，显然是基于"兼爱"的理论的，而孟子此处说的是"推恩"，这是大不相同的。正确翻译应为："尊重自己的老人，并把这份心推及别人的老人；爱护自己的孩子，并将这份心推及别人的孩子。"注意，"推恩"，是本段话的基本理论基础。

"推恩"有何意义？孟子说："天下可运于掌。"俗话说"半部论语治天下"，孟子说"一个推恩，可将天下玩弄于股掌之间"，可见，孟子是高度推崇"推恩"之功用的。不仅如此，孟子以为："古之人所以大过人者，无他焉，善推其所为而已矣。"他将贤君之所以为贤君，圣人之所以为圣人，都完全归功于他的"推恩"说。

孔子当年说"不学诗，无以言"，看来，他的话还真是成了事实。就连宣王在说话中都知道引用《诗经》中的话，来夸赞孟子，那么，身为儒门大家，孟子也自然不会忘记从《诗经》中去旁征博引。这不，孟子为了增强"推恩"说的说服力，便例举了《诗经》中的诗句来佐证："刑于寡妻，至于兄弟，以御于家邦。""刑"，通"型"，意思是"榜样"，这里用作动词，指做出榜样。原句意思就是"给自己的妻子儿女做出榜样，然后给自己的兄弟做出榜样，而后就可以统治整个家庭乃至整个国家了"。这很有儒家所谓"修身齐家治国平天下"的感觉，这和我们常说的"一屋不扫何以扫天下"，说的都同样是"推恩"之理。当然，请注意，孟子所谓"推恩"，推己及人也好，推少及众也好，推近及远也好，关键都不在"及人""及众""及远"，而首先在于"己"在于"少"在于"近"。如何将自己做成真正的"榜样"，如何将身边的"一屋"扫好，才是关键，是"推恩"的前提，因为，这决定了你是否有"恩"可"推"。

因此，首要条件还是了解自己，修炼自己。这不，孟子接着说道：

"权，然后知轻重；度，然后知长短；物皆然，心为甚。王请度之！

在孟子看来，真正要清楚地了解自己，并不是一件容易的事情，他说："心为甚。"

就连客观世界中的所谓"轻重""长短"，尚且需要"权衡""度量"，更何况于每个人内心当中的这个捉摸不定的"心"呢。前边说到的"见牛未见羊"的尴尬，不就正是因为"人心"的复杂玄妙而导致的吗？

道理好说，做起来甚难。所以，还是让我们先来看看您内心究竟想要什么吧。孟子紧接着就提问道：

抑王兴甲兵，危士臣，构怨于诸侯，然后快于心与？

孟子所说的"兴甲兵，危士臣，构怨于诸侯"，虽为事实，但确乎不是宣王所愿，充其量只能算作是宣王为达成目的而不得已无法避免的客观结果罢了。因此，宣王自然是不能承认的。

王曰："否，吾何快于是，将以求吾所大欲也。"

果不出所料，宣王说，"将以求吾所大欲也"，我只是想通过这些来求得我最想要的东西罢了。

曰："王之所大欲，可得闻与？"

那好，既然这些穷兵黩武的事情，并非你所情愿，那么，请说说你的最终目的究竟是什么吧。究竟是一件怎么宝贵的东西，竟然值得你甘愿付出如此高昂的代价。

王笑而不言。

此处应为宣王之第三"笑"。请问宣王"笑"什么？这又是怎样的一种"笑"呢？一个人当自己内心深处最隐秘的心思，被人洞悉，被人掀开，被人当面戳穿，不得不说这是一件十分难堪的事情。好在人会"笑"，好在"笑"这一动作表情可以丰富到自欺欺人，聊以缓解这份尴尬。当然，"不言"，就是默认。

曰："为肥甘不足于口与？轻暖不足于体与？抑为采色不足视于目与？声音不足听于耳与？便嬖不足使令于前与？王之诸臣皆足以供之，而王岂为是哉？"
曰："否，吾不为是也。"

孟子很坏，或者说，这就是论辩的技巧：将人置于死地之时，并不直接致死，而是像猫吃老鼠一样还要特意地挑逗一番。孟子问"大王该不会是为了这些食色之欲吧"，显然，齐宣王就是"是也不能说是"啊。

曰："然则王之所大欲可知已：欲辟土地，朝秦楚，莅中国而抚四夷也。以若所为，求若所欲，犹缘木而求鱼也。"

孟子认为，既然不为一己之私欲，那必定就是为了"国家之公共利益"了：开疆辟土，一统天下。这个利益目的，对于一国之君来说，当然是冠冕堂皇的，不仅没错，而且无上光荣。孟子通过替齐王排除私欲而归于公心（是否真的如此，那就另当别论，孟子并不在乎）的动机分析，赢得了和齐王继续对话的可能。这就是论辩的心理术，你必须让对手高兴甚至得意，你才可能塑造一个愿意和你讲道理甚而愿意服帖于你的敌手。所以，孟子接着就说："那你实现梦想的方式，错了！"

缘木求鱼，用白话说就是爬树捉鱼，比喻一个人选择错了做事的方向和方式，像是南辕北辙，越是努力，就越是远离目标。如果真是这样，那着实是一个非常严重的问题。难怪齐宣王一听这批评，就急了。

王曰："若是其甚与？"

有（缘木求鱼）那么严重吗！

曰："殆有甚焉。缘木求鱼，虽不得鱼，无后灾；以若所为，求若所欲，尽心力而为之，后必有灾。"

孟子听出了宣王的质疑背后的心虚，干脆雪上加霜，索性将宣王的恐惧推向极点。他接着说道：比这还严重！缘木求鱼，顶多是捉不到鱼；但是大王所为，越是尽心尽力，就越将招来灾难！人家玩的是鱼，可大王您玩的是火！

用一个可怕的后果，去吓出对方的求知欲，也是一招。宣王就中了招。

曰："可得闻与？"

于是又轮到孟子娓娓道来了。

曰："邹人与楚人战，则王以为孰胜？"

曰："楚人胜。"

曰："然则小固不可以敌大，寡固不可以敌众，弱固不可以敌强。海内之地，方千里者九，齐集有其一；以一服八，何以异于邹敌楚哉？"

其实没什么新鲜的，估计齐王自己也知道：寡不可敌众，弱难以胜强。这是兵家常识，但也绝非兵家定论。以少胜多、以弱胜强之案例，历史上比比皆是，就是在先秦时期也并非没有先例。如果战争都以国土和兵数来论成败，那也就不可能有后来秦国的一统天下了。秦可以一服八，齐为何不可？

孟子也知道自己不是要跟宣王论辩兵事，所以在吓唬了一下之后，匆匆调转话题，引向自己的论调：霸权不可行，可行是王道。

盖亦反其本矣。今王发政施仁，使天下仕者皆欲立于王之朝，耕者皆欲耕于王之野，商贾皆欲藏于王之市，行旅皆欲出于王之涂，天下之欲疾其君者，皆欲赴愬于王；其若是，孰能御之？

"故远人不服，则修文德以来之。"《论语》中《季氏将伐颛臾》一节中就有关于"王道"的论说：好好修炼自己，然后吸引别人（而不是用武力去抢夺去绑架）。你做一个好君主，亲民爱人，天下就都归附于你了。并且，孟子紧接着就给宣王描绘了一幅生动的盛世图景：

想当官的都愿意跳槽到齐国来做官：因为齐国公务员体系清正廉明；

想种田的都愿意背井离乡到齐国来种地：因为齐国没有苛捐杂税；

想做买卖的都愿意带着资本到齐国来经商：因为齐国市场安全；

想旅游的都愿意借道齐国，因为齐国社会稳定治安良好；

想骂政府的都愿意到齐国来向您控诉，因为齐王您才是天下人心中的公认的贤君。

这的确是一幅盛世图景，就是放在今天，也是太平盛世的核心标准。齐宣王，怎能不动心？（何况，这不就是称霸天下了吗？"辟土地，朝秦楚，莅中国而抚四夷"。一场兵不血刃的霸成路径。）

宣王从没像此刻这般谦逊，以至于有些卑屈了。不傲娇，也不扭捏；不做作，也不端着。这是一种良好的求知姿态，放在君王身上，确乎难能可贵。

"君王之师"孟老先生，终于开始了他的王道之课：

曰："无恒产而有恒心者，惟士为能；若民，则无恒产，因无恒心。苟无恒心，放辟邪侈，无不为已。及陷于罪，然后从而刑之，是罔民也。焉有仁人在位，罔民而可为也？是故明君制民之产，必使仰足以事父母，俯足以畜妻子；乐岁终身饱，凶年免于死亡；然后驱而之善，故民之从之也轻。今也制民之产，仰不足以事父母，俯不足以畜妻子；乐岁终身苦，凶年不免于死亡。此惟救死而恐不赡，奚暇治礼义哉！王欲行之，则盍反其本矣。五亩之宅，树之以桑，五十者可以衣帛矣；鸡、豚、狗、彘之畜，无失其时，七十者可以食肉矣；百亩之田，勿夺其时，八口之家可以无饥矣；谨庠序之教，申之以孝悌之义，颁白者不负戴于道路矣。

老者衣帛食肉，黎民不饥不寒：然而不王者，未之有也。"

"修文德以来之"的后半句话是"既来之，则安之"，这是完整的"王道"路径。孟子的这节一对一的辅导课，其核心内容就是"何以安民"。

孟子有两个认识前提。其一，士与民，德有异。士是可以在困窘之中保持高尚德操的人（诸如颜回），而民则不行。广大百姓只有在保有了生存条件之后，才可能论及教化。刨除一点点的阶级偏见不说，此话也有理。因为孟子还有另外一个同样有理的认识前提，那就是其二，"经济基础决定上层建筑"，或者说"家庭收入水平决定社会公民的文明程度"。在孟子看来，人的基本道德高低，与"饱暖思淫欲"不同，而是"无产易流氓"。当然，在那个饱暖还是梦想的年代，淫欲还很遥远，更多的是饥饿，是灾祸，是民不聊生。因此，挣扎在生存线上的百姓，的确是道德与法律的危险分子，用孟子的话来说就是"放辟邪侈，无不为已"。

因此，孟子说，君王治国，不得"钓鱼执法"，即一面不让百姓吃饱，一面又惩罚百姓偷盗，所谓"罔民"，像投了诱饵张网捕鱼一样，将百姓置于猎物状态。贤仁的君主，是不齿为之的。他应该先努力发展生产，使得百姓满足温饱，安居乐业，并对社会财富的小康标准做出了明确的规定：一位成年男子的劳动收入，不仅应该（有足粮）足以供养妻儿老小，而且还可以（有余粮）防范灾年饥荒。孟子认为，这样的物质财富水平，是一个和谐社会的经济基础。而后，才可以谈及社会教化，让百姓"驱而之善"，从而达到"民之从之"，归附于王，也就是实现了王道。

孟子所提出的社会财富标准，听上去似乎很低（也就是满足家庭成员生存的基本的物质保障，就是"活着"），然而，就当时的社会生产力水平，尤其是当时战乱纷起的社会环境而言，"活着"，已然不是一件容易的事情，甚至对于大多数的民众来说，因物质匮乏而朝不保夕，也许就是常态。回溯历史，能够让百姓好好活着的朝代，就足以称颂为太平盛世了，事实上显然并不多见。儒家让人穷而守礼，法家让人穷而守法，大抵都不如孟子所提的富民而后化来得实在，所谓"仓廪实而知礼节，衣食足而知荣辱"，这是合乎人性的。孟子也批评了当时天下诸侯不顾发展生产，不顾百姓民生，而一旦灾年荒年便疲于赈救的舍本逐末的现象，提出君主必须施行治国之本"王道"。

接着，孟子还规划了在王道思想指导之下的社会生产图景："五亩之宅，树之以桑，五十者可以衣帛矣；鸡、豚、狗、彘之畜，无失其时，七十者可以食肉矣；百亩之田，勿夺其时，八口之家可以无饥矣。"有衣穿，有肉吃，有足粮，衣食住行就解决了（古时候"住"不会太好但也不会太难，至于"行"，在自给自足的时代也不是刚需）。

很多老师和学生都对"五十者可以衣帛""七十者可以食肉"这两句说法表示疑惑不解，各路专家的说法也不尽相同甚至意见相左，但有一点可以肯定的，那就是这两句都在表明一种家庭内部丰衣足食的状态。有人说"五十""七十"指的是人口数，但根据后文的"八口之家"来看，这种解释显然站不住脚，还是理解为五十岁和七十岁为妥。那么疑惑就来了：为什么（五十岁、七十岁的）老人能"衣帛食肉"，就是家庭小康的标准？

《孟子·尽心上》有相关表述："所谓西伯善养老者，制其田里，教之树畜，导其妻子使养其老。五十非帛不暖，七十非肉不饱。不暖不饱，谓之冻馁。文王之民无冻馁之老者，此之谓也。"不仅如此，后世朱熹也说过，未五十者不得衣帛，未七十者不得食肉。看来，在物质极度匮乏的时代，好衣好食都得先就着家中老人，这也是中国的尊老孝敬的美德传统。即便这样，很多家庭也无力向老人提供好衣好食，造成很多老人饿死和冻死。所以，在孟子看来，能够让"老者衣帛食肉、黎民不饥不寒"的社会，就是小康社会了，也就是齐宣王要为之努力的目标。倘若真能如此，富民必有强国，王道也就实现了。

按理来说，即便是依照当时的农业生产水平估计，占地五亩（没有考证"亩"之具体大小）的家园加之百亩田地，是可以为一户普通人家提供基本的衣、食、住的生存条件的，而孟子所提的关键问题在于"无失其时""勿夺其时"。

时，时节，时令；农耕时代的最重要的生产要素，它是光、水、热在不同时间的差异化整合；最最关键的问题是，不以人的意志为转移。因此在农耕时代，"适得其时"就是第一生产力。农业讲时机，兵家也讲时机，只是这两个时机往往冲突，且战争具有压倒一切的强权力。

《寡人之于国》记录了孟子和梁惠王的一次对话，其中也谈到了"农时"问题。孟子说："不违农时，谷不可胜食也；数罟不入洿池，鱼鳖不可胜食也；斧斤以时入山林，材木不可胜用也。谷与鱼鳖不可胜食，材木不可胜用，是使民养生丧死无憾也。养生丧死无憾，王道之始也。"说的也是同样的道理：休养生息，免战免伐，不要让战事干扰农事，百姓安居乐业，比什么都好。的确，农耕文明的生产和生活方式，需要长时间的固地耕植，经不得战火与流徙。和游牧文明不同，人家可以打一枪换一个地方，驻与撤都一样的便捷，可以四海为家。

问题是，像齐宣王一样的诸侯君王们，就算主观上愿意放弃南征北战的野心，他又如何面对随时会来的"被战争"呢？在诸侯争霸的历史潮流中，你一旦休战成羊，你的四面就立马会涌来恶狠狠的狼群，从某种意义上来说，进攻，或许还是最好的防守；甚至有些弹丸小国，争做大国帮凶以便狐假虎威，或许还是唯一的生存之道。

我在讲授本文的时候，到这个地方，总是禁不住要问学生："你们说，孟子在讲这段课文的时候，齐宣王在干什么？"学生们经常是和我会心一笑。

是啊，文章也没有写齐宣王的听课状态和听后反应。

没法写啊。

音　频　版　入　口

"说"来话长
——读《关于希特勒入侵苏联的广播演说》

说话有多难？

——说清自己有多难？说服别人有多难？

——说动别人为此而奋不顾身，有多难？

历史上有很多著名的演说家，拿破仑、马丁·路德、列宁、毛泽东……丘吉尔是，希特勒也是啊。

据说，一九四一年六月二十二日早上八点，丘吉尔听到了有关德国进攻苏联的报告后，他只说了一句话："通知英国广播电台，我今晚九点要发表广播讲话。"于是，他从上午十一点开始撰写讲稿，中间除与几位大臣共进午餐外，这一天的全部时间都花在写讲稿上了……讲稿直到差二十分就九点了才写好。

我们知道，这是一份万般难写的讲稿。他的难，有几个方面：第一，丘吉尔本人是一个坚定的反共主义者，而此时或未来，他却需要去鼓动英国人民去支援苏联。第二，当时的战争局势，英国实际上处在非常被动和危险的境地；相反，纳粹德国（以及意大利、日本）却是各路势头正猛。

而丘吉尔，必须要说，且必须要说好。幸好，演说是丘吉尔的强项，他是天才的演说家。你听——

今晚，我要借此机会向大家发表演说，因为我们已经来到了战争的关键时刻。

刻不容缓，演说在简短的开场白中直入主题。这是时势的需要，也是演说的需要。

今天凌晨4时，希特勒已进攻并入侵俄国。既没有宣战，也没有最后通牒，但德国炸弹却突然在俄国城市上空像雨点般地落下，德国军队大举侵犯俄国边界。一小时后，德国大使拜见俄国外交部长，称两国已处于战争状态。但正是这位大使，昨夜却喋喋不休地向俄国人保证，德国是朋友，而且几乎是盟友。

"凌晨4时""突然""一小时后""昨夜"，一连串的时间词汇，显示了战争的突如其来及其使人措手不及的突变的形势。丘吉尔首先给全英人民描绘了一个"毫无诚信和道义可言"的德国法西斯丑恶形象：阴险狡诈、残酷无情、无德无义。以引起民众的憎恶和愤怒之情。

希特勒是个十恶不赦、杀人如麻、欲壑难填的魔鬼，而纳粹制度除了贪得无厌和种族统治外，别无主旨和原则。它横暴凶悍，野蛮侵略，为人类一切形式的卑劣行径所不及。

"十恶不赦""杀人如麻""欲壑难填""贪得无厌""横暴凶悍""野

蛮""卑劣",又一组让人咬牙切齿的贬义词,向希特勒团伙有力地扔掷过去。"贪得无厌"地掠夺,"种族统治"地屠杀,是法西斯的本质,是其罪恶的本质。短短几句,让英国民众清清楚楚地看到了法西斯的本来面目,让那些之前被绥靖政策迷惑的官员和民众顿时清醒过来,而掐灭各自内心的原有的幻想。

它的残酷行为和凶暴侵略所造成的恶果超过了各式各样的人类罪行。在过去二十五年中,没有一个人像我这样始终一贯地反对共产主义。我并不想收回我说过的话。但是,这一切,在正在我们眼前展现的情景对照之下,都已黯然失色了。过去的一切,连同它的罪恶,它的愚蠢和悲剧,都一闪而逝了。我看见俄国士兵站在祖国的大门口,守卫着他们的祖先自远古以来劳作的土地。我看见他们守卫着自己的家园,他们的母亲和妻子在祈祷——啊,是的,有时人人都要祈祷,祝愿亲人平安,祝愿他们的赡养者、战斗者和保护者回归。

有了前面的铺垫,此段中"黯然失色""一闪而逝"便成了水到渠成的结论。"眼前展现的情景",什么"情景"呢?法西斯的罪行,苏俄人民的苦难和英勇,英国人民的危险乃至全人类的危险……都是这种"情景"的一部分。相比较于"国家与国家之间在意识形态上的分歧和差异",那么,人类应该坚守的民族道义、同情恻隐之心,也就是平常所说的"人道主义",自然就显得重乎其重了。它本应该超越一切国家的差别、民族的差别、阶级的差别、人种的差别,乃至意识形态和政治信仰的差别。

　　我看见俄国上万的村庄，那里穿衣吃饭都依靠土地，生活虽然十分艰辛，那儿依然有着人类的基本乐趣，少女在欢笑，儿童在玩耍。我看见纳粹的战争机器向他们碾压过去，穷凶极恶地展开了屠杀。我看见全副戎装，佩剑、马刀和鞋钉叮当作响的普鲁士军官，以及刚刚威吓、压制过十多个国家的、奸诈无比的特工高手。我还看见大批愚笨迟钝、受过训练、唯命是从、凶残暴戾的德国士兵，像一大群爬行的蝗虫正在蹒跚行进。我看见德国轰炸机和战斗机在天空盘旋，它们虽然因英国人的多次鞭挞而心有余悸，却在为找到一个自以为唾手可得的猎物而得意忘形。在这番嚣张气焰的背后，在这场突然袭击的背后，我看到了那一小撮策划、组织并向人类发动这场恐怖战争的恶棍。

　　在前一段两个"看见"之后，本段一连用了六个"看见"，来描绘法西斯铁蹄对苏俄大地与人民的血腥摧残，以及抗争在法西斯铁蹄之下的苏俄人民的苦难与顽强。丘吉尔花了大量甚至有些奢侈的篇幅，来描绘这些，对于演说的成功是功不可没的。苏俄人民原本的安居乐业，法西斯的残暴罪行，纳粹分子的凶残无情，纳粹士兵的盲从狠毒，法西斯的嚣张气焰，纳粹头目的可恶可憎可恨……一幅幅难堪入目的画面，在听众的应接不暇的反应中，成为听者心中的最痛：对法西斯的无比憎恨，对苏俄人民的无限同情。

　　于是，我的思绪回到了若干年前。那时，俄国军队是我们抗击同一不共戴天的敌人的盟军，他们坚韧不拔，英勇善战，帮助我们赢得了胜利，但后来，他们却完全同这一切隔绝开了——虽然这并非我们的过错。

回忆曾经从苏俄获得的帮助，自然是演讲成功的砝码。他们的"坚忍不拔"，他们的"英勇善战"，也是抗击法西斯取得最终胜利的强有力的保证，是英国政府和英国人民付出支援的有力条件。

我亲身经历了所有这一切，如果我直抒胸臆，感怀旧事，你们是会原谅我的。但现在我必须宣布国王陛下政府的决定，我确信伟大的自治领地在适当时候会一致同意这项决定。然而我们必须现在，必须立即宣布这项决定，一天也不能耽搁。我必须发表这项声明，我相信，你们绝不会怀疑我们将要采取的政策。

一个亲身经历过"所有这一切"的人，在这样的危急时刻，没有"感怀旧事"，单刀直入地抛出演说的主题：宣布政府的决定。"现在我必须""必须立即""一天也不能耽搁"，凸显了时势的刻不容缓，迫在眉睫。这种语势，彻底抹去了听者犹豫的权力和可能。

我们只有一个目标，一个唯一的、不可变更的目标。我们决心要消灭希特勒，肃清纳粹制度的一切痕迹。什么也不能使我们改变这个决心。什么也不能！我们决不谈判；我们决不同希特勒或他的任何党羽进行谈判。我们将在陆地上同他作战，我们将在海洋上同他作战，我们将在天空中同他作战，直至邀天之助，在地球上肃清他的阴影，并把地球上的人民从他的枷锁下解放出来。

政府的决心，是战争成败的一个十分关键的因素。丘吉尔告诉全体民众：政府已经准备好了一切！这种斗争的决心，和对斗争胜利的信心，是对民众的莫大的鼓舞，是最有效的强心剂。

任何一个同纳粹主义作斗争的人或国家，都将得到我们的援助；任何一个与希特勒同流合污的人或国家，都是我们的敌人。这一点不仅适用于国家，而且适用于所有那些卑劣的、吉斯林之流的代表人物，他们充当了纳粹制度的工具和代理人，反对自己的同胞，反对自己的故土。这些吉斯林们，就像纳粹头目自身一样，如果没有被自己的同胞干掉（干掉就会省下很多麻烦），就将在胜利的翌日被我们送交同盟国法庭审判。这就是我们的政策，这就是我们的声明。

战争，战争的对象是谁？战争的盟友是谁？也就是"谁是我们的敌人""谁是我们的朋友"，这也是该次演说必须解决的问题。更何况，即将帮助的是一个与自己国家在意识形态上截然不同的"敌人"。丘吉尔在演说中将世界人民分成了两个对立阵营：法西斯阵营和反法西斯阵营。便十分明确地确立了英国和苏俄的盟友关系。

因此，我们将尽力给俄国和俄国人民提供一切援助。我们将呼吁世界各地的朋友和盟友采取同样的方针，并且同我们一样，忠诚不渝地推行到底。

"英国和苏俄结盟，就一定能打败法西斯集团吗？"这种疑问和担心也不是完全多余。丘吉尔继续说，我们将努力联系全世界的反法西斯力量：美国、中国……"忠诚不渝""推行到底"，哪还有不能取胜的呢？

我们已经向苏俄政府提供了力所能及的、可能对他们有用的技术援助和经济援助。我们将日以继夜地、越来越大规模地轰炸德国，月复一月地向它大量投掷炸弹，使它每一个月都尝到并吞下比它倾洒给人类的更加深重的苦难。

丘吉尔再披露事实：在此演说之前，我们已经开始了援苏政策。都说事实胜于雄辩，而这里更是"事实走到了雄辩之前"。

值得指出的是，仅仅在昨天，皇家空军曾深入法国腹地，以极小损失击落了28架侵犯、玷污并扬言要控制法兰西领空的德国战斗机。

"我们的军事力量如何？"作为首相的丘吉尔也是必须回答的一个问题。"我们赢过，就在昨天，我们还赢得过战争。"要越过英吉利海峡，要深入欧洲腹地去攻击德国，要越过欧洲大陆去支援苏俄，必须要有强大的空军力量。而丘吉尔在演说中，将一支强大无比的皇家空军，展示在了民众眼前。这就是战争的资本，这就是胜利的资本。

然而，这仅仅是一个开端。从现在起，我国空军的扩充将加速进行。在今后6个月，我们从美国那儿得到的援助，包括各种战争物资，尤其是重型轰炸机，将开始展示出重要意义。这不是阶级战争。这是一场整个大英帝国和英联邦，不分种族，不分信仰，不分党派，全都投入进去的战争。

也许有人还在质疑英国空军的实力，丘吉尔继续说：我们有美国的援助，我们还有全世界人民的援助。在这样的特别时期，种族、信仰、党派，都不是我们结盟的壁垒。因为全世界人民有着共同的敌人：法西斯。

希特勒侵略俄国仅仅是蓄谋侵略不列颠诸岛的前奏。毫无疑问，他指望在冬季到来之前结束这一切，并在美国海军和空军进行干涉之前击溃英国。他指望更大规模地重演故伎，各个击破。他一直是凭借这种伎俩得逞的。那时，他就可以为最后行动清除障碍了，也就是说，他就要迫使西半球屈服于他的意志和他的制度了，而如果做不到这一点，他的一切征服都将落空。

"我们可以中立吗？"这不就是绥靖政策的观点吗？当年张伯伦带着和平条约回到英国的时候，英国人民给予了他最热烈的欢迎和最崇高的膜拜。然而事实呢？当德国闪击波兰，拉开了世界大战的序幕之后，这种"绥靖造就和平"的理想就成了一场美梦。英国就是第二个苏俄，丘吉尔非常明确地判断。因此，拯救苏俄，就是拯救英联邦。

因此，俄国的危险就是我国的危险，就是美国的危险；俄国人民为保卫家园而战的事业就是世界各地自由人民和自由民族的事业。

因此，丘吉尔说，苏俄的命运，就是英联邦的命运，就是美国的命运，就是全世界的命运。英国人民没有理由不投入到全世界的反法西斯斗争的洪流中去。

让我们从如此残酷的经验中吸取教训吧！在这生命尚存，力量还在之际，让我们加倍努力，团结一心打击敌人吧！

我们已经失策过了，趁一切还来得及，战斗吧！

当晚，全世界各个地方，凡是能够收听到BBC广播信号的地方，无数听众听到了丘吉尔的这篇演讲。

丘吉尔演说的成功秘诀：

1. 充分的理由

丘吉尔面对的听众，对于法西斯的认识，对于苏俄的态度，对于战争的看法，对于本国的实力，对于国际的形势……都有着不同的看法：或迷茫，或怯懦，或偏激，或麻木，或心存侥幸的幻想，或暗自幸灾乐祸，这些都不可避免。要使全英民众都能获得统一的思想，没有充足的理由来说服各种人，是不可能的。

丘吉尔显然考虑到了各种人的"需求"，他在演说中陆续回答了所有人的困惑和质疑：法西斯纳粹的反人类的本质和罪行，苏俄的苦难和英勇顽强，俄国曾经对英国的援助，英国政府的决心和信心，英国军队的实力，国际社会的援助，英国面临的危险……演说中，这些理由都在丘吉尔的精彩语言中，逐步推进。

2. 激烈的情感

演说必须还能以情动人。

丘吉尔在演说中，展示了博大的人道主义情怀。全文一连用了八个"我看见"，来描述战争正在俄国大地上造成的惨象。这种种惨象，与"少女在欢笑""儿童的玩耍"的人类最基本的乐趣相比衬，是多么的令人心痛。同时，原先的"意识形态的差异"所带来的敌对，与眼前的情景比较起来，又何值一提？

丘吉尔在演说中，还展示了个人的真诚态度。"我不想收回我说过的话"，他把自己的政治观点，赤裸裸地摆在民众面前，以示自己在政治上的一贯，且毫无个人打算。

3. 有力的语言

语言的力量从哪里来？有理有据、情感充沛，都是奠定有力语言的基本条件，此外，语言本身，也很有讲究。

比如：形象。演说中在描绘苏俄人民正在遭遇的灾难时，丘吉尔用了一连串的"我看见"来叙述。"我"真的"看见"了吗？没有，全是想象。因为这种想象是符合所有人的常识的，所以，他的想象成了比现时描绘更加有力的证据，因为，这里的语言是形象的，是带着画面进入听者的心灵的。

比如：否定词的运用。用否定词来表示肯定语气，能收到更有力的效果，这是我们都知道的。演说中，"一切""所有""全部""彻底""绝对"等字眼，俯拾皆是。与此相得益彰的，"不""绝不"等否定词，更是充斥全篇。这样的语言，能给听者以"绝对"的意识，能抹去所有人的所有可能合理可能不合理的疑虑和徘徊。这是该篇演讲所必须达到的效果。这就是演说的力量，更何况是战时动员演说。

瑞典文学院在授予丘吉尔诺贝尔文学奖的颁奖词中说："丘吉尔成熟的演说，目的敏捷准确，内容壮观动人。犹如一股铸造历史环节的力……丘吉尔在自由和人性尊重的关键时刻的滔滔不绝的演说，却另有一番动人心魄的魔力。也许他自己正是以这伟大的演说，建立了永垂不朽的丰碑。"难怪有人这样评价他："丘吉尔在政治上和文学上的成就如此之大……此前从未有过一位领袖人物能两样兼备而且如此杰出。"

音频版入口

第四篇

都是生活

悲喜一阁，亭亭如斯
——读《项脊轩志》

　　归有光，虽被文坛誉为"明文第一"，但说实话，这位大作家大文人在我们的阅读记忆里是十分陌生的。要不是语文教材里选了他的一篇作品做文言散文教材用，恐怕不搞明代文学史研究的人，都不会想起他或想起他的文章来。有意思的是，有些作家，听其名姓如雷贯耳，可要说起他的作品来，还真困难呢。比如打上学就知道有个人叫曾巩，那可是唐宋八大家之一，他的诗文还被译成外文流传海外，请问你记得他的什么作品吗？《墨池记》，还是《咏柳》？而又有很多的作家，我们只记住了他的某篇或某几篇作品，而对于他的名姓，却往往只是似曾相识，甚或是无从记起。比如我们打小学说话就开始背诵的"鹅鹅鹅，曲项向天歌……"，有几人能知道它的作者竟是一个叫骆宾王的人呢？再如我们记住了"一条寂寥的雨巷"和"一位丁香一样的姑娘"，却慢慢地淡忘了有一个青年名叫戴望舒。

　　归有光及其散文作品《项脊轩志》，大抵就是这一类。如果说是好名声不如好作品的话，那么这种分析和理解一定会伤害很多人的心，比如曾巩。其实，每个人都有自己的特别的经历，包括他的作品以及他的成名；每个人还有自己的特别的时代和环境，每个人还有自己的特别的天命和机遇，不可强求。记住人也好，记住文也好，同样都既重要又都很不重要。关键在于，人本身要是值得记住的人，文本身也要是值得记住的文，就好。

《项脊轩志》就是一篇值得去记住的文章。每次给学生讲这篇文章的时候，我都是不带教材进课堂的（抑或可能也带了，那也只是放在讲台上或握在手里，做给前来听课的校长、专家看的，以示我"教学环节完整且规范"），所有的文字，全都有序而鲜活地生长在我的记忆里。我常对学生说，人的一生不必读太多的书，如果有些文字，别人为你播了种子，而后能在你自己需要的时候便茁壮地疯长在你脑子里或心底里，那才叫读过的书；而这样的书，有几篇就够了。《项脊轩志》对于我，就是这样的文字，归有光给我播下的种子，然后，在我心里随时疯长：结婚的时候，待在书房的时候，看望父母的时候，回到老家的时候，有了孩子的时候……

《项脊轩志》，一起来读读吧。

项脊轩，旧南阁子也。室仅方丈，可容一人居。百年老屋，尘泥渗漉，雨泽下注，每移案顾视，无可置者。又北向，不能得日，日过午已昏。

项脊轩很小，很破，很暗；这本不是一个适宜读书的房间。然而，在家道中落的境遇中，作者似乎也别无选择，只得隅居一角，于"南阁子"读书度日——他的童年、少年、青年、壮年……很多老师在教授本文时，也都说"项脊轩很小，很破，很暗"，以此来训练学生的概括能力，同时来点"情感态度价值观"教育。可不是吗？"室仅方丈，可容一人居"，乃"很小"；"百年老屋，尘泥渗漉，雨泽下注，每移案顾视，无可置者"，乃"很破"；"又北向，不能得日，日过午已昏"，乃"很暗"。大凡有些阅读能力的学生，都能从容应对这个问题——作者讲得很清楚很有条理嘛；既然如此，那此问题就意义不大了。大家都会的问题，我一般会由我自己来讲答案；然后问：

"你住过这样的房子吗？"

方丈之屋，十来平米，都市人觉得"很是不小了"；北向之屋，都市人觉得"也无大碍呀"。可不？我家书房就是一间十来平米的北向之屋；很多学生的回答里，他们的书房（兼住房）还不及此呢，有蜷居在客厅一角的，有蜗居在阳台的，有寄居在父亲书桌一角的……也是，我小时候的"书房"，就是床头，"书桌"就是母亲的唯一的奢华嫁妆"缝纫机"。21世纪的学生如此，20世纪的我如此，那16世纪的归有光呢？用如此"发展的眼光"比较起来，项脊轩又"何小之有""何暗之有"？问完之后得到的效果，往往是学生觉得"自己比作者还冤"。

明眼人都知道学生们只关注了一三两点，而忽略了第二点"很破"。然而，他们为什么会对这中间的（并且是篇幅最长的）一条视而不见呢？我相信他们不是有意回避，而的确是未尝懂得什么是"尘泥渗漉，雨泽下注"。我是江南人，我是住土墙屋子长大的，我知道，屋顶多漏，加之百年土墙，每每阴雨时节，那可真是"偌大的轩子硬是放不下一张干净的书桌"了。大概是由于我的学生都是北方人吧，对住房的要求只要"窗不漏风"就行了，一个可以半年不见一滴雨的北国之人，哪里懂得什么"雨脚如麻未断绝"呢？21世纪的北国都市学生，只好去想象了——如果他们有这份好奇的话。

余稍为修葺，使不上漏；前辟四窗，垣墙周庭，以当南日；日影反照，室始洞然。

归有光是个有心的少年，他并没有傻傻地在这样的屋子里隐忍地熬着日子，以示自己"不耻恶衣恶食"，或是以此"苦心志""饿体肤""劳筋骨"来磨砺自己"大任于斯人"的高远志向，而是动手改善自己的生活。房子的"很小"是无法改变的了，只得在"防漏"和"增亮"上下功夫。

"余稍为修葺，使不上漏"。如此简单的修缮工作，而在此之前归家却不做，为什么？至少表明这个"南阁子"是一间归家闲置或者说是荒废了的小屋子，归家用不着，连储物都用不着，才会遭如此冷遇，任其"雨泽下注"的吧。可是，这么"不差房"的归家，为什么就没有一间像样的屋子供孩子读书之用呢？这个问题就直指归家的家境，乃至家世了。其中一定有难言之苦和难言之痛，并且，归有光在这篇《项脊轩志》的短文中，对此竟有好几处详细的叙述，只不过，这种交代是侧面的，是含蓄的，也是饱含着复杂的深情的。或许是家风不以读书为荣而没了优先的待遇，或许是久无读书之人而没一个书房传下来，或许是归家子弟久试不中让归家寒了心，或许还有别的原因。这个，我们后边再谈。

在归有光决定（抑或是无奈）入住读书的时候，我难以想象出他面对这样一间长年累月"雨泽下注"的小泥巴墙屋子，是怎样一种心情。但是，我们一定能够读出，在决定修葺这间南阁子的时候，少年归有光内心的平和与坚定。

要使"屋不上漏"，确实只需要"稍为修葺"即可。然后，归有光在这间不再漏雨的屋子里，"前辟四窗，垣墙周庭，以当南日"。我们在感慨作者的聪明的同时，是否也能感受到几分无奈与释然呢？——作者说"日影反照，室始洞然"。"洞然"者，"通亮之貌"也。反照之日影，能使原本阴暗的阁子顿时变得"洞然"吗？显然是不能的。然而，就是这样一点点的光亮的增加，就可以在一个读书人的心中产生"洞然"之感，实在是境由心生啊。

> 又杂植兰桂竹木于庭，旧时栏楯，亦遂增胜。

兰、桂、竹、木，于此时的归有光，似乎可以算得上是奢侈的装饰了。然而一个文人对于生存环境的追求，恐怕是必须如此的。苏轼说过，"宁可食无肉，不可居无竹"。兰、桂、竹、木，松、菊、莲、梅……这些文人最钟爱的"君子"之物，在他们的心中，比什么都重要，比什么都美丽。难怪归有光会觉得，并未做何修缮的"旧时栏楯"——应该是斑驳陆离了危危摇摇的"旧时栏楯"，也因此而"亦遂增胜"。

> 借书满架，偃仰啸歌，冥然兀坐，万籁有声。

"借书满架"，作者家竟然空空无书，凡读书皆须外"借"，且一借就是"满架"，似乎是不大合乎情理的。于此，有人推测此处之"借"，实为"积"字，积书满架，或许更合常理。然而，连一个像样书房都没有的少年归有光，怎么个"积"法"积"出了满架的书呢？不断地省吃俭用来购买？可那时即便有钱买也没有像今天一样方便的书店啊。像孔乙己一样打着"读书人"的旗号去偷？可是归有光不应该是这类人物啊，且上哪儿偷的呢？是蒙人赠送？此种家境的人也不大可能日日获赠天天蒙赐的呀。那就是"抄"来的了？或者是祖上留下来一点，再买一点，再偷一点，再受人赏一点，再抄一点，再还有几本刚借的还没还，如此日渐地凑出了"满架"之书？大凡爱好考古的人，都喜欢在这些问题上极尽考究之能事，于是有了"借"与"积"的没有输赢的论争。我倒以为，是"借"是"积"，已然是不甚重要的；再说了，所谓"满架"之"满"，你就相信那不是一个文人的"姑妄之辞"，而实际上只有寥寥几册残书断本孤零零地"栖息"在"吱吱呀呀"的书架上？这样撒个谎来夸赞一下自己的书房，又有何不可有何不宜的呢？重要的是，作者能够在项脊轩这个或有书或没书的书架前"偃仰啸歌"，这就是读书人莫大的幸福。

而庭阶寂寂，小鸟时来啄食，人至不去。

这样的"庭阶"，必然是"寂寂"的了。而这种"寂寂"，不正好是文人之所乐吗？陶渊明说自己"心远地自偏"，那是无法"地偏"，只好"心远"；而少年归有光，无奈"地偏"，因而想"心"不"远"都不行。"远"者，远离也。"远"什么？"远"老少喧闹，"远"家长里短，"远"闲言冷语……这样"庭阶寂寂"的南阁子，岂不正好？

常人每每说到门庭冷落，总是用"门可罗雀"来形容，这真是一个很贴切很形象的成语。但是，你想过没有，"罗"者，张网捕捉也。满门之"雀"，为何要被"罗"呢？且不说是主人为饱眼耳之福将其关进笼子以寻欢作乐，就算是为了口腹之需不得已要抓来充饥，也不是一件什么和谐的事情。倒不像归有光，"小鸟时来啄食，人至不去"。何来之"食"？何不说"人驱不去"？把鸟关进金笼子挂在门第两端的，是为了炫富显势；提了竹笼四处溜去的，是都市闲人；"人来鸟不惊""鸟来人不知"的，才是文人，才是有情人。

　　三五之夜，明月半墙，桂影斑驳，风移影动，珊珊可爱。

　　既是"三五之夜"，那一定是满月，一定是皓月当空。可是，如若是"明月满墙"，皎洁一片，那么后两句"桂影斑驳，风移影动"，就没来由了，自然，"珊珊可爱"也就没了道理；所幸月光是爬过周庭之垣墙且是隔了桂树的枝丫照过来的。作者没有让这面墙壁完全被月光霸占，那样太"白"，太"刺眼"，太"低俗"；也没有让它完全被黑影吞噬，那样太"黑"，太恐怖，太"做作"。而用一个"半"字，平分了月色与月影，黑白交错与阴阳交融中，随月移而影也动，自然生出万种风情。中国文人是何等钟爱一个"半"字呀："半江瑟瑟半江红""犹抱琵琶半遮面""红旗半卷出辕门""遥被人知半日羞"……还有"半开半醉""半推半就""半部《论语》走天下"……正是一个"半"字，人文之美方显，文人之境乃出。

　　以上是归有光为我们描述的项脊轩的由来、景象以及他在此读书的情景、情态及情趣。至于项脊轩的生活，你说艰苦也对，可人家笔下没有丝毫的苦意；你说惬意也对，可人家毕竟非常的艰辛。都说文人往往"潦倒"，而归有光却能"潦"而"不倒"，况且，还是个少年文人。就是这样一个书斋，竟走出了一个"明文第一"。我还可以将此话说得再狠一些，那就是，在明代，也只有这样的书斋，才能走出一个"明文第一"来。

　　据说归有光少年好学，九岁能作文，二十岁时尽通五经三史和唐宋八大家文，三十五岁乡试中举。然而，这样的才华之人，竟然在以后八次会试都未及第，直到年已六旬才中进士，你可以从中见得整个明代的官风文气，是个怎样的糟糕境况。那是一个斗字不识的张好古可以连升三级的荒唐时代，那是一个高喊着"文必秦汉"而"追章琢句，模拟剿窃"的复古时代。只有这样一个从"无所置案"的南阁子里走出来的文人，只有这样一个从"人来鸟不去"的寂寂庭阶走出来的文人，只有这样一个从"犬吠鸡栖"的篱墙庭院走出来的文人，只有这样一个从"他日汝当用之"的殷殷期盼中走出来的文人，才可能写出生活，写出真情，才能在为文时，虽"无意于感人"，而"欢愉惨恻之思，溢于言语之外"。

先是，庭中通南北为一，迨诸父异爨，内外多置小门墙，往往而是。东犬西吠，客逾庖而宴，鸡栖于厅。庭中始为篱，已为墙，凡再变矣。

一个"然"字，文意陡转。"多可喜"，"喜"在百年老屋终究珊珊可爱；那"多可悲"呢？"悲"从何来？

其实，在前文中，作者已经隐隐约约地向我们透露了几丝悲情的痕迹的："尘泥渗漉""庭阶寂寂"……

先是，庭中通南北为一，迨诸父异爨，内外多置小门墙，往往而是。东犬西吠，客逾庖而宴，鸡栖于厅。庭中始为篱，已为墙，凡再变矣。

"诸父异爨"，我不知道现在的人（尤其是都市人），能有几个懂得何为"异爨"的。"异爨"，就是分灶为炊，就是分家，就是由"吃大锅饭"，到"各扫门前雪"，到"形同陌路"所迈出的"必要且充分"的第一步。于是，"多置小门墙，往往而是"。这是家道中落，这是一个大家族的衰颓，何等的悲凉。都说家族富，富不过三代；其实，家族大，也大不过三代，"合久必分"是必然，作为社会最小单位的家庭，其规模不可能无限地大下去。

实际上，分家不一定是件坏事。倘若兄弟姐妹分至天涯海角，那不仅能少了许多碎屑的家事纠纷，而且还能使得相思惦念之情日久弥深。而像归家这样的大家族大宅院，分起家来，只能是筑墙为壑，形依然近，神却早已远。这不，"东犬西吠"，足以见得原本兄弟一家的亲人，现如今是怎样的"形同路人"；陌生到狗都认生，以至犬吠相闻。"客逾庖而宴"，人家要去自家饭桌吃饭，却还得经过你家灶台，格局之乱可见一斑，这又是一种怎样的无奈、尴尬和悲戚。"鸡栖于厅"，原本待人接物人来人往的"厅"，也竟然被"鸡"肆意占据，荒败之景，不言而明。"始为篱""已为墙""凡再变"。篱笆不够，改而为墙；墙而不够，再变再加——加高？加厚？还是又添一堵？——一道道厚厚的壁垒，横亘在亲人们的心际，家族亲人，竟老死不相往来。

幸好，那个破破的南阁子，估计谁也没想要谁也没有争，终究落得个没人疼没人爱的孤儿，反倒像捡了个大便宜似的，成了归有光的"三味书屋"。

家有老妪，尝居于此。妪，先大母婢也，乳二世，先妣抚之甚厚。室西连于中闺，先妣尝一至。妪每谓余曰："某所，而母立于兹。"妪又曰："汝姊在吾怀，呱呱而泣；娘以指扣门扉曰：'儿寒乎？欲食乎？'吾从板外相为应答。"语未毕，余泣，妪亦泣。

此段是写母亲，原文称作"先妣"，意为母亲已去世。据查，母亲去世那年，归有光七八岁光景。就一般常识来说，一个七八岁的孩子，对于母亲理应有不少清晰或大概清晰的记忆，而归有光在本段中并未从自己的角度来回忆母亲，反而借助了"老妪"的回忆和转述，何也？

从文段看出，归有光对于母亲，竟然是陌生的。"先妣尝一至"，所谓"一至"，就是说"来过一回"。项脊轩这个"室"，明明是连着母亲的住所"中闺"的，身为母亲，为什么不常来看看孩子呢？尽管有老妪抚养照顾，不用母亲亲自喂奶喂饭，逗着玩玩都不行？都不愿？那难道就没一点母子情分？教书多遍，学生们的这个质疑，始终让我为难。

只好去读归有光所撰之《先妣事略》：

先妣周孺人，弘治元年二月二十一日生。年十六来归。逾年生女淑静，淑静者，大姊也；期而生有光；又期而生女子，殇一人，期而不育者一人；又逾年生有尚，妊十二月；逾年生淑顺；一岁，又生有功。有功之生也，孺人比乳他子加健。然数颦蹙顾诸婢曰："吾为多子苦！"老妪以杯水盛二螺进，曰："饮此后妊不数矣。"孺人举之尽，喑不能言。正德八年五月二十三日，孺人卒。

嫁入豪门（虽已趋衰落），为身份体面不便亲手拉扯孩子；

年轻为母，故育儿之事主要由老妪代理；

频频有孕，故无法事必躬亲；

为多子所累所苦，体弱多病，故尽量避免与孩儿接触；

……

以上解释，均不无道理。还是我的那个观点，此类问题，无需过分考究。

既然母亲只是"尝一至"（也许是夸张，但至少是不常来），那么，孩提时代的归有光关于母亲的记忆，还真就是很模糊，甚至是几乎没有的了。于是，归有光对于母亲的记忆，就主要（甚至是完全）得之于老妪之口。从文中看，老妪并不是在归有光的盘问下才回答问题一般地告知有关"先妣"的事情的，而是出乎寻常地主动。"妪每谓余曰""妪又曰"，甚至还在"我"酸楚地落泪的时候，"妪亦泣"。足以证明"先妣"与"老妪"之间已然超出一般主仆雇佣关系的深厚情谊。尽管很多学生在读完《先妣事略》之后，对"老妪"害死周孺人耿耿于怀乃至咬牙切齿，但毕竟那是人家因无知而好心办出了坏事。"妪，先大母婢也，乳二世，先妣抚之甚厚"，这是一位在归家有着资深地位的"老妪"，给人以十分忠厚善良非常勤劳能干的美好形象。归有光写母亲，其实，也写了"老妪"。

"某所，而母立于兹。"

很喜欢这个小小的情节，一句出自老妪的回忆的简短的话语。我能清晰地想象出这样一幅场景。少年有光在轩中来回走动，捧书苦读；老妪一边忙着自己的事情。突然，老妪指着有光的脚下，说道："有光，当年你母亲来这里看你的那一次，站的就是你现在的位置呢。"有光讶然，放下书卷，细细地听着老妪讲起了"母亲"，讲起了"母亲"唯一的一次来到这个阁子看望自己的情形，讲起了"母亲"怎样地挨着苦痛隔着门板惦念着她的儿女："儿寒乎？欲食乎？"这是母亲对孩子的本能的爱，爱得很简单，很实在，因而很感人，以至于这样的琐碎细节在一个老妪的记忆里都似乎是"历历在目"，连母亲站立的地方，都记得那么的精准。有光，这位多情的天才少年，怎能不潸然泣下呢？

老妪说，娘问的时候，"吾从板外相为应答"。各位想象一下，老妪面对"寒乎？""饿乎？"的问句，在如此窘迫的家境中，她将如何应答？这个答案，只有读者自己做了父亲或母亲，才可能会有点思路。

余自束发读书轩中，一日，大母过余曰："吾儿，久不见若影，何竟日默默在此，大类女郎也？"比去，以手阖门，自语曰："吾家读书久不效，儿之成，则可待乎！"顷之，持一象笏至，曰："此吾祖太常公宣德间执此以朝，他日汝当用之。"

此段写祖母，文中称作"大母"，也就是奶奶。望子成龙，是长辈们对于晚辈的共同心愿。然而，这种心愿，祖辈对孙辈，和父辈对子辈，是不大一样的吧。祖辈们既希冀孙儿读书有成，但又更多地同情孙儿的读书之苦；不像父母那样逼迫得看似无情无义，无仁无道。以前的女孩子都是待在深闺大门不出二门不迈的，叫做"闺女"；归有光自小就整天待在小阁子里读书，实在是像个丫头姑娘。你可知道，奶奶的这种"看在眼里，疼在心头"的心情，是很复杂的。她既不愿意孙儿受累，但也希冀孙儿将来有所出息，却又不愿意让自己的希冀带给孙儿太多的压力，只好在离去的时候，一边关门一边说："吾家读书久不效，儿之成，则可待乎！"好像是仅仅说给自己的，又似乎是有意想让孙儿听到，这祖辈的用心，真是因太"良"而自"苦"啊。为了帮助孙儿树立信心，奶奶还拿出了祖传的"象笏"，用祖上的曾经的辉煌，来鼓舞孙儿的壮志。"他日汝当用之。"大概是归家已经好多年好多辈都没有见过像归有光这样忍得了凄苦耐得住寂寞的读书人了吧，要不，怎么会"吾家读书久不效"呢；奶奶对归有光的期望和信心，都是满满的。

轩东，故尝为厨，人往，从轩前过。余扃牖而居，久之，能以足音辨人。

"扃牖而居"，意思是关着窗户而居住，可谓"两耳不闻窗外事，一心只读圣贤书"了，足见读书之勤，求学之苦，壮志之笃。"能以足音辨人"，又略透出书轩主人对于日渐疏远的亲情的默默关注：走过窗前的，是叔叔？还是伯伯？或者，是哪家堂兄？

轩凡四遭火，得不焚，殆有神护者。

挨着灶台薪火的项脊轩，曾经多次遭遇火灾，所幸终究只是与火魔擦肩而过。作者说"殆有神护者"，所谓"神护"，盖乃历来关爱项脊轩之人吧：大母？母亲？甚或是老妪？抑或还有别人？都说"真诚所致，感天动地"。当年愚公移山，天帝不也帮了大忙吗；如今少年寒窗苦读，神明哪能狠心烧了这样一个小阁子呢。

项脊生曰："蜀清守丹穴，利甲天下，其后秦皇帝筑女怀清台。刘玄德与曹操争天下，诸葛孔明起陇中。方二人之昧昧于一隅也，世何足以知之？余区区处败屋中，方扬眉瞬目，谓有奇景；人知之者，其谓与埳井之蛙何异？"

尽管幼年丧母，家境败落，但是这也使得年少的归有光早早地懂得了人间忧难，开始发奋读书。归有光自幼明悟绝人，九岁能成文章，十岁时就写出了洋洋千余言的《乞醯论》，十一二岁"已慨然有志古人"，十四岁应童子试，二十岁考了个第一名，补苏州府学生员，同年到南京参加乡试，"弱冠尽通六经、三史、大家之文"，对举业也是满怀信心。写就以上文字的时候，归有光尚不到加冠年纪，方才十八九岁，正是满腹诗书、才华横溢、年轻气盛的时期。这样的英雄少年，在自己的书斋记里，来上一段这样的胸臆直抒，实在是一种必需的结尾。

本文题为"项脊轩志"，志，即记也，自然重在写"轩"。文章从起初的修阁为轩，到在轩读书，再到先妣、大母来轩，再到轩有神护，加之最后的议论，已然一气贯通，完完整整。不仅记轩，还由轩记人事，记家事；写家情，写人情：一面是分崩离析的家族，一面是有如神明的亲人；一个是给了自己生命的"先妣"，一个是给了自己亲情的"老妪"，一个是给了自己志向的"大母"。这一切都发生在轩内轩外，人前人后。

文章没有落俗于天下功名之类的豪言壮语，反而抖擞出一件件芝麻小事，实在是与众不同。可见，大丈夫志在高远，但未必就一定要斩断儿女情长。归有光的散文之美，就美在这样的琐碎上，美在这样的情调中，美在这样的真心实意里。无论是"始为篱已为墙"，还是"某所，而母立于兹"，无论是"以手阖门，自语曰"，还是"四遭火得不焚"，我都格外地喜欢这些大背景下的小情节，喜欢这些大手笔下的小细节，格外地喜欢这些大情感中的小悲与小喜。就好比归有光的另一篇散文《寒花葬志》：

婢，魏孺人媵也。嘉靖丁酉五月四日死，葬虚丘。事我而不卒，命也夫！婢初媵时，年十岁，垂双鬟，曳深绿布裳。一日，天寒，爇火煮荸荠熟，婢削之盈瓯；余入自外，取食之；婢持去，不与。魏孺人笑之。孺人每令婢倚几旁饭，即饭，目眶冉冉动。孺人又指予以为笑。回思是时，奄忽便已十年。吁，可悲也已！

这篇为悼念夭殇的小婢而作的文章，全文短短112字，却以两个小小的细节勾勒出了鲜活的婢女形象，写出了庭闱人情，极为凝炼。当主人取荸荠而寒花竟不予，当主仆同餐而寒花却目眶冉冉，你能感受到归家和美的主仆关系吗？你能感受到归家的幸福生活吗？你能感受到归有光细腻的观察和细腻的情感吗？这就是归有光作文的强项，他擅长将生活琐事引入文中，并娓娓叙之，"使览者恻然有隐"。

《项脊轩志》更是如此。

然而，文章并没有终结。后来，又有所补记，那是他结婚成家后的轩中生活。

余既为此志，后五年，吾妻来归。时至轩中，从余问古事，或凭几学书。吾妻归宁，述诸小妹语曰："闻姊家有阁子，且何谓阁子也？"

读书人，能得一情投意合之佳人相伴于书轩，真乃人生最大快事。归有光曾经就有过，真切地有过。"从余问古事""凭几学书"，往年的幸福历历在目。何为知己？未必一定要是和我有着同样的学问，但一定要和我有着同样的情趣；倘若实在没有这份情趣，那也一定要认同我的情趣，并能以我的情趣为自己的情趣，就好。归有光的妻子就是这样一个知性的贤妻。嫁与一介文人为妻，便乐于和文人交道，和文化交道，如此家庭，怎能不其乐融融？都说"一个成功的男人的背后，一定有一个伟大的女人"，然而，女人的伟大有很多形式：包揽了全部家务以绝男人后顾之忧，是一种；给予财力智力精力的支持以助男人冲锋陷阵，是一种；

围起一个平静的港湾以抚平男人的疲惫与伤痕，是一种；像归有光的妻子那样，献上无比的崇拜以虔诚的心去满足男人的成就感，难道不也是很好的一种？

妻子娘家归来，转述"小妹"语："闻姊家有阁子，且何谓阁子也？"要不是妻子主动地甚至"喋喋不休"津津乐道地对"小妹"说起"归家阁子项脊轩"，"小妹"又怎么会对这个小阁子产生如此浓厚的好奇和兴趣？字句背后，是妻子对项脊轩的真心热爱和津津乐道吧。是爱轩，还是爱屋及乌？你去想象一下妻子对小妹讲起"阁子"时的幸福的神情吧，一定很有意思。

其后六年，吾妻死，室坏不修。其后二年，余久卧病无聊，乃使人复葺南阁子，其制稍异于前。然自后余多在外，不常居。

人去轩空，物是人非。当一切幸福和快乐成为过往，面对空空之轩室，作者已然无心修缮。时间就是这般捉弄人，漫漫岁月过去，当生者"卧病无聊"心重而常起怀念之心，再重修故地，又是怎样的一番悲凉心境。

庭有枇杷树，吾妻死之年所手植也；今已亭亭如盖矣。

植树留念，大概是人间俗事。本句动人，似乎更多在于"手植"者谁。是妻知其为活不久而手植枇杷？是夫料妻之暮暮而手植枇杷？还是夫妻心知行将生死两隔而携手共植枇杷？尽管不得而知，却各有境界，各有其悲吧。

　　没有"执子之手与子偕老"的誓言，没有朝朝暮暮耳鬓厮磨的缠绵，没有"生死两茫茫"的悲情，连写生死相思都只是借了庭院的一棵枇杷树而已。这就是归有光，这就是归有光的幸福的爱情。

音　频　版　入　口

背朝未来

——读《变形记》

　　卡夫卡的《变形记》，曾被誉为20世纪最伟大的作品之一。原因有很多：比如它是表现主义的典型代表作，比如它揭示了资本主义社会机器的腐朽，比如它诠释了所谓的人的"异化"……它的情节的荒诞且真实，它的人物的陌生且熟悉，它的主题的深刻且前瞻，都是该作品之所以成功的因素。就连卡夫卡本人的生活经历和生活状态，似乎也都可以在本文中找到相关的影子。

　　好比当世之人和后世之人对卡夫卡本人的生活表示着不可捉摸的茫然一样，对于他的作品——被喻为荒诞小说的《变形记》，更是难以理解明白。

　　而小说的情节，其实很简单：

　　一天早上，格里高尔发现自己变成"巨大的甲虫"，惊慌而又忧郁。父亲发现后大怒，把他赶回自己的卧室。后来，格里高尔变了，养成了甲虫的生活习性，却保留了人的意识。他失业了，仍旧关心怎样还清父亲欠的债务，送妹妹上音乐学院。可是，一个月后，他成了全家的累赘。父亲、母亲、妹妹对他改变了态度。为了生存，家人只得打工挣钱，忍受不了格里高尔这个负担。妹妹终于提出把哥哥弄走。格里高尔又饿又病，陷入绝望，"他怀着深情和爱意想他的一家人"，"然后他的头就不由自主地垂倒在地板上，鼻孔呼出了最后一丝气息"，死了。父亲、母亲和妹妹开始过着自己养活自己的新生活。

从情节上看，除了主人公变成了甲虫之外，其余的部分，都可以说是俗套的了；而"人"变成了"非人"，这个东西在中国读者看来也并不会感到什么惊讶，翻开《聊斋》，每页都是。遇到很多同行，也都往往对中学教材选入这样的作品心怀怨言：让我怎么讲啊！学生呢？也不明白为什么要学这样的文章：要我学什么啊！

是啊，怎么讲？学什么？

好在现在的学生越来越敢于提问并且越来越会提问，好在现在的教学评价并不要求教师对于任何问题都必须要给出一个终极答案。这就方便多了。那我也就从我的学生提出的几个问题开始谈吧。

第一个问题：格里高尔为什么要变成甲虫呢？（这个问题问得比较含糊，有多种理解。我换一句话来转述学生的这个问题，可能会清楚一些：作者为什么要将格里高尔所变的东西设定为"甲虫"呢？变成别的东西不行吗？"甲虫"有什么寓意吗？）

能发此问的，一般都是在小学和初中阶段的语文课里表现得很认真的学生。我们的语文教学习惯于将课文中作者的某些设计（包括用语用词），看作是"好且唯一好"的。于是，下边的问答就经常出现在语文课堂里：

教师："你认为作者使用的这个词好吗？为什么？"

学生："好。因为这个词最……最……"

教师："你认为文中的这个词能换成另一个词吗？为什么？"

学生："不能，因为这个词最……最……"

我很不明白，难道每一个作者在创作过程中，对每一个用词都进行过"最……最……"的筛选和推敲吗？我们常说一个认真的作家，写作时往往"再三推敲"；即便如此，那也只不过是"再三"而已，对于千千万万的字词来说，实在不能轻易说"最……最……"的呀。

就是这样的思考惯性，我的很多学生都问到了这个问题：为什么是"甲虫"？变成别的为什么不行？

当时我就以反问的方式来回答他们：为什么非"甲虫"不可？变成别的，有什么不行？如果世上没有"甲虫"这种动物，卡夫卡就没法写《变形记》了？

其实，稍懂一些文学欣赏的人，是不大会提这类问题的，就像你肯定不会问"祥林嫂为什么喜欢穿'月白背心'""孙悟空为什么使棒不使耙"一样。很多时候，这就是创作者的偶然的安排而已。所谓的作家的天分，就表现为人家一个看似"偶然"的安排，在我们读起来，总觉得竟是这么的恰当，甚至有了"最……最……"的感觉。

依我看，作家在选择一个"喻体"或"象征体"的时候，往往是"在必然中寻得一个'偶然'"。卡夫卡要让格里高尔变成一个和"被异化了的人"相似的"物"，那么，它既要会行动，还要很笨拙；不能美到让人愿意当宠物养着，又不能丑到让人不堪入目；还要能胜任小说情节的"可能性"的需要（比如下床，开锁，爬行，护画，吃腐食等）。这样，一只大大的"甲虫"，就可以成为卡夫卡的选择。事实上，那坚硬的外壳，细细的挣扎着的六条腿，像极了"被异化的人"。至少要我来换一个同样恰当甚至更恰当的东西，我这辈子也想不出来了，恐怕全世界的别的人也想不出来。这倒不是说卡夫卡就是举世无双绝顶聪明的人，而是我们根本没有必要去改变他所设定的"甲虫"形象，就像我们可以写出《西游后记》，但却完全没有必要让孙悟空弃棒从把一样。

舍去一个"最"字，舍去那个"不可以更换"的前提，我们来说说"甲虫"的恰当性，是完全可以的，也是有这个必要的。因为作家在设计人物安排情节的时候，毕竟不能是无根无据地胡来的呀。

一天早晨，格里高尔·萨姆沙从不安的睡梦中醒来，发现自己躺在床上变成了一只巨大的甲虫。他仰卧着，那坚硬得像铁甲一般的背贴着床，他稍稍一抬头，便看见自己那穹顶似的棕色肚子分成了好多块弧形的硬片，被子在肚子尖上几乎待不住了，眼看就要完全滑落下来。比起偌大的身躯来，他那许多条腿真是细得可怜，都在他眼前无可奈何地舞动着。

每次读《变形记》，这开篇的一段就会让我的眼前舞动起无数条细细长长的腿来，那分明就是一个茫然无助的人，在拼命地挥动着自己的双手，像是要努力地抓住什么东西，又像是在向什么人求救，更像是在向上天诉说自己的痛苦的命运。

第二个问题：格里高尔为什么要变成甲虫呢？（很奇怪学生在问不同的问题时，使用的是同样的句子和措辞。我就把这个问题的第二种理解转述为：格里高尔为什么会变形呢？或者说，作者设定格里高尔的变形有什么合乎现实的原因和逻辑吗？还有第三种理解：为了表达"一个人丧失劳动力之后被家人抛弃"这样的情节的需要，格里高尔只要残废、卧病、癫疯，或是失业、破产，就可以啊，为什么要变得不是人样儿呢？

这两种理解所表达的两个问题，其实质是一样的，那就相提并论吧。）

这显然是一个涉及作品主题乃至作家创作目的的问题，非同小可。人们是否读懂《变形记》，首先要解决的问题，就是要理解"格里高尔为什么会变形"。

我先反问这些提问的学生：你觉得卡夫卡写《变形记》，究竟想表达什么意思？

少数学生的沉默不语或是欲语还休，反让我很欣慰，因为他们在思考，在自我否定，在自觉地超越以往的阅读经验。而多数学生（乃至多数教学参考书或是文学评论家）脱口而出："描写了资本主义社会里人与人之间赤裸裸的金钱关系""揭露了资本主义社会里亲情的淡漠和金钱的罪恶""揭示了资本主义社会里当亲情暖流遇上金钱寒潮时必然产生的家庭悲剧和社会悲剧"……

我承认资本主义社会里，金钱是很重要的，甚至比亲情重要；然而，别样的社会里，难道就不是这样或不像这样吗？倘若要举出一篇揭露资本主义社会金钱之于亲情的罪恶的文章来，恐怕最合适最典型的，该属莫泊桑的《我的叔叔于勒》了吧。倘若将主人公"变形"就能在这个主题上创造出更好的表达效果来的话，我想，小说大师莫泊桑即便不知道何为"表现主义"，但也应该会有属于他自己的类似的办法的吧。可是，在《我的叔叔于勒》里，于勒始终还是于勒，不一样的仅仅只是他"一阵子有钱，一阵子没钱"而已；而关于"金钱与亲情"的主题，已然淋漓尽致。卡夫卡何苦非要求格里高尔变形不可呢？这大概不能仅仅只说成是"习惯"和"风格"的问题的。

那么，另外的考量在哪里？另外的意义又是什么？

不能不提到"异化"——这个在哲学中被如此称呼，而在文学里被称作"变形"的东西。（很多文学作品都喜欢将人进行"变形"，以符合作家的写作需要。比如《聊斋志异》《西游记》乃至《喜洋洋与灰太狼》。然而，不是所有的"变形"都是人的"异化"，它可能只是"鬼化""神化""童化"而已。）

何谓"异化"？

哲学是这样诠释这个概念的：主体发展到了一定阶段，分裂出自己的对立面，变为了外在的异己的力量，即异化。马克思主义认为，异化作为社会现象同阶级一起产生，是人的物质生产与精神生产及其产品变成异己力量，反过来统治人的一种社会现象。私有制是异化的主要根源，社会分工固定化是它的最终根源。在异化活动中，人的能动性丧失了，遭到异己的物质力量或精神力量的奴役，从而使人的个性不能全面发展，只能片面发展，甚至畸形发展。马克思说："物的世界的增值同人的世界的贬值成正比。"

作为万物灵长的人，在对物的控制过程中，渐渐地丧失了对物的控制力，并渐渐地被物所控制。即，人非人。抛开哲学里的深奥的句辞，对于"异化"，我们是可以做这样的理解的。举些例子来说：

公鸡打鸣，即便再准时，也不过是一天一次，催个早起罢了。并且，它不会根据自己的意愿或是心血来潮提前叫响（周扒皮的半夜鸡叫除外）。而自从人类为了随时催醒或提醒的需要而造出了可以随意设定打鸣时间、打鸣次数、打鸣音量的机械闹钟之后，人们就再也离不开闹钟了。每次去买手机，店主问到我的需求时，我说"除了能接打电话收发短信之外，我只需要它有个'闹钟'功能"。我们是不是可以就此定论，我们"人"，已经被自己的产品"闹钟"给"异化"了呢？

于是我用自己的语言给"异化"下了个定义：

一些全然不是和我们与生俱来的东西，渐渐地和我们与生俱行，形影不离了，那么，我们就被这个东西"异化"了。

比如"闹钟"。有个学生马上举手说"老师，我就不用闹钟，每天都是我妈妈叫我起床"。我说："你是通过你妈妈而被闹钟'异化'的。并且，你妈妈已经异化成闹钟了。不信你去问，你妈妈是怎么醒来然后睡眼惺忪地去叫你起床的。"

看看格里高尔吧。

他看了看那边柜子上滴滴答答响着的闹钟。"天哪！"他想。六点半，指针正在悠悠然向前移动，甚至过了六点半了，都快六点三刻了。闹钟难道没有响过吗？从床上可以看到闹钟明明是拨到四点钟的，它一定已经闹过了。是闹过了，可是这可能吗？没听见这使家具受到震动的响声？嗯，安稳，他睡得可并不安稳，但是也许睡得更沉。可是现在他该怎么办？下一班车七点钟开，要搭上这一班车他就得拼命赶，可是货样还没包装好，他自己则觉得精神甚是不佳。而且，即使赶上这班车，他也免不了要受到老板的一顿训斥，因为公司听差曾等候他上那班五点钟开的火车，并早已就他的误车做过汇报了。

这就是格里高尔变形当天醒来时的状态，也是他工作五年来的日常生活状态。那个并非和他与生俱来的闹钟，一旦有一回一不小心没能将他控制住，他的生活反而乱了套。亲爱的读者，难道你没有过这样的经历吗？我是有过的（可是，你我都并不生活在资本主义社会呀）。更可笑的是，这种物对人的控制，全然不同于人对物的控制。小时候放牛，一不小心脱了缰绳，那牛便撒欢似的跑走了，漫山遍野地跑，见什么爱吃的就啃，哪管那是自家的萝卜还是邻家的白菜，自由极了。不像是人，做了物的奴隶，还是个贱兮兮的奴隶。

现代人出门，有三件东西是不能忘了随身带上的：钥匙，钱包，手机；而以手机最甚。并且，越是新出的产品，就越是能在最短的时间里将人类牢牢控制。这么说来，"畅销"的概念，就是"'异化'人的速度很快"。一位朋友坐飞机出差，忘了带上他刚买几天的iPad（苹果平板电脑），顿然觉得一个小时的候机时间竟是在接受煎熬。我问他，以前你用什么打发候机时光？他说"玩手机"。"再以前呢？""看报。""再再以前呢？""和身边的人瞎聊。""再再再以前呢？""发呆。"

我是多么期望有个任我发呆的时间啊，哪怕几分钟也好。因为，发呆的时候，人可以驾驭万物甚至驾驭万人。然而，这个权力，已然被剥夺了。

按我的想法，人被异化的第二种表现，就是"有些东西是和我们与生俱来的，但渐渐地可以离我们而去，甚至是不见了踪影"。比如亲情。

大禹治水，三过家门而不入。因为人家是为公办事，所以不但无可厚非，还值得世代颂扬。而那些纯粹为私的呢？不是竟然也在渐渐地成为人们颂扬的对象吗？多少男人为生意应酬彻夜不归家？多少女人为事业舍夫弃子？越来越多的"私利灭亲"的故事，成为了感动人们的英雄事迹。到头来只是一句"我对不起家人""对不起孩子""对不起父母"，再伴着潸然泪下，难道是他真的晚知晚觉？资本主义上升时期的葛朗台如此，社会主义初级阶段的"白眼狼"不也是如此吗？现在社会中流行着的且被视为时代进步标志的"父子间的抚养赡养协议"，可谓是人们对于"异化"的一点点无奈的抗争吧。

中学生读《变形记》，读卡夫卡，读"异化"，目的何在？意义何在？

需要读懂什么？怎么去读懂？尤其是教师怎样解读西方现代作品（《变形记》《等待戈多》等）……这些都是困扰着中学语文老师的问题。从第一次教西方现代主义文学以来，我就不断地向身边的同行讨教，结果都是几乎和我一样地困惑。去年，我突然想起来自己有个大学同学，现在是人类社会学的博士，"旁观者清嘛"，问问他，或许会得到一点我想要的答案。果不其然，老兄的言论让我顿开茅塞。依照他的见解和建议，教了几节课，效果良好。现加进一些自己的感想，一起与读者分享。

他说：

具体而言，西方现代主义文学是描述一个已经物质现代化的世界对精神的挤压、排斥、异化。在西方，物质现代化以惊人的速度远远超过精神的现代化。他们走得太快了，灵魂跟不上。于是，从古希腊特别是文艺复兴时张扬起来的人的价值、人的精神对万物的凌驾，在现代工业革命和大机器、大科学和大发展中感觉到严重窒息。从这个意义上来说，文学表达是传统的精神生存面对现代的节奏（传统时间法则和现代时间法则，犹如清人黄遵宪说，火车一响，中国人长亭送别的美好感情将会彻底消失）的不适感。

最喜欢这一句："他们走得太快了，灵魂跟不上。"其实，句中的"他们"，应该改成"我们"才更好：西方在快速现代化，东方难道不是吗？我们在一条自己用工业和科技铺就的高速路上疯狂地奔跑，每个人都在比拼着各自的加速度，没有人回头牵挂一下自己的灵魂，于是，我们的灵魂越落越远，只好眼睁睁地看着自己的躯壳越行越远，消失在所谓的现代与繁华之中。"只有想不到，没有做不到。"这是一个思想远远落后于行动的时代，而行动的盲目与无序，就是在所难免的了。

还喜欢黄遵宪的说法："火车一响，中国人长亭送别的美好情感将会彻底消失。"

《诗经》里的人谈恋爱：

乘彼垝垣，以望复关。既见复关，载笑载言；不见复关，泣涕涟涟。

"唐诗"里的人谈恋爱：

君问归期未有期，巴山夜雨涨秋池。何当共剪西窗烛，却话巴山夜雨时。

"宋词"里的人谈恋爱：

云中谁寄锦书来，雁字回时，月满西楼。

爱情的美感，不能少了"等待"：等一封信，等一个人，等一次秉烛促膝。

"送别"也是如此。一切的撕心裂肺都在"等待"之中：一边是要"再等一等"，一边是要"再催一催"。才有"留恋处兰舟催发"，才有"月亮走我也走"，才有《长亭送别》中的：

柳丝长玉骢难系，恨不倩疏林挂住斜晖。

霎时间杯盘狼藉，车儿投东，马儿向西，两意徘徊，落日山横翠。

知他今宵宿在那里？有梦也难寻觅。

在如今这样一个到处充满了精确的时间表的时代里，"等待"似乎显得极其"笨拙"和"多余"。亲人好友10点13分飞机抵达，你绝不会提前三天就去机场"等待"，多提前一分钟你都觉得是浪费。亲人好友乘了火车别你而去，你只要一抬手腕一看表，就会知道他"今宵酒醒何处"。纵无半点风情，你也会例行公事般地打个电话发个短信以示相互的惦念。"更与何人说"？开个博客写个日志发条朋友圈，谁想听就可以跟谁说。心底里没有了情感的堆积，"等待"，还有美感可言吗？崔莺莺恨不得"柳丝长""玉骢系"，柳永恨不得"兰舟"不发，而我们呢？若是飞机晚点，你便会比出行之人还要躁急。不是我们比古人无情无义，而是时刻表无情无义地"异化"了我们。《红楼梦》里的王熙凤说"知道妹妹不过这几日来，已叫人准备下了"，要不是凤姐的泼辣给我们留下的尽是些坏心眼儿的反面形象，倘若能抛开这个不提，想必林黛玉的到来，着实是让凤姐在"等待"中兴奋了好些天的。

几年前，我曾以"等待"为题，让学生作文。见到的文章，除了写"考试时等待老师分发试卷"，就是写"下课铃响后等待拖堂的老师喊下课"，要不就是"中考后等待分数""朋友拌嘴后等待彼此的道歉"……你可知道，百来篇"等待"尽是痛苦（只有一个学生写道：每天下午放学回家，拐过最后一个胡同，只要一抬头，定能看见自家阳台上的奶奶，在翘首等待我的出现。这文章，让我感动并感慨了许久许久）。

等待，已然被这个现代社会的快节奏高效率，给"异化"了。

格里高尔就不可能尝到"等待"的美味，因为他没有等待的权利。他不能等到自己想起床的时候再起床，他不能等到下一班火车再去出差，他不能等到身体好些之后再去上班……

我的那位老兄还说：

作为一个文学家，卡夫卡天才般地预见了人类灵魂进步与人类物质发展之间距离随着各自惯性加速度日益分道扬镳的开端，并以极端的形式预言了这样一个时代的到来。《美国》对美国作为20世纪世界执牛耳力量的天才般预见及其带来追随诸国人们精神无所依凭的严峻后果；《审判》对日益复杂化的现代权力机构以其复杂性和貌似严密的逻辑性操控着每一个具体生人的人生遭际，即使细观起来漏洞百出但其总体上的时代合理性和体系合法性让每一个进入这一体系中的个体有冤无处伸。《变形记》则更是工业文明中机械法则对人性压抑的一曲挽歌，个体甚至人类总体不仅丧失了反抗的能力，而且已经将对这一机制扭曲人性视为某种社会发展的必然或者社会进步的代价。可怕的不是个体没有力量，而是群体取消了个体反抗的合法性。于是，正如窦娥通过曲折隐晦甚至精神的力量实现了13世纪中国的司法公正一样，格里高尔也同样通过想象的方式拒绝为人类抗诉机械法则的无情。当然，与各自文明的性格相称的是，窦娥实现了她的梦想，尽管正义迟到了；而格里高尔与一切西方悲剧一样，是其牺牲了自己的生命，但不一样的是，牺牲自己的生命，非但没有达到抵抗控诉的目标，反而不过是为人类群体总体上欣然接受工业文明的机械法则而扫清了障碍。

悲剧，并不在于某个个体（或是很多的个体）被"异化"，而是人类作为一个整体的集体"异化"。阅读《变形记》的时候，你会发现，一个格里高尔变形，死了；另一个格里高尔又开始了变形，走向另一个死亡。我在课上问我的学生"谁将是第二个格里高尔",学生们异口同声地答道"他妹妹""他母亲"。是啊,今天早上从一间屋子里爬出来一只甲虫,明天早上就会从另一间屋子里爬出来两只甲虫——母的。书中写道:

吃罢晚饭后不一会儿父亲便在扶手椅上睡着了,母亲和妹妹相互告诫保持安静。母亲把头低低地伏在灯下,给一家时装店缝制精致的内衣。已经当上了售货员的妹妹在晚上学习速记和法语,将来也许可以谋到一个较好的职位。有时父亲醒过来,仿佛根本不知道自己已睡了一觉似的,他对母亲说:"你今天又干了这么多针线活!"说罢立刻又睡着了,母亲和妹妹则神色疲倦地相视一笑。

我们不能将《变形记》诠释成关于"异化"的反思文学,因为整个小说从头到尾也没有读到任何人(包括格里高尔自己)对于"变形"的任何反思:我怎么了?儿子怎么了?哥哥怎么了?他为什么会这样?我做错什么了?这个家做错什么了?这个社会和这个时代做错什么了?……有的只是几只还没有变成的"甲虫",赶走并迫害了一只早他们一步变成了的"甲虫",而已。这一点,不如窦娥。

我那老兄说得很好:"个体甚至人类总体不仅丧失了反抗的能力,而且已经将对这一机制扭曲人性视为某种社会发展的必然或者社会进步的代价。可怕的不是个体没有力量,而是群体取消了个体反抗的合法性。"

讲授这课的时候,正巧学校请来了一位成功人士给学生做励志演讲。我没去听,但猜想成功人士一般都会晒出自己的工作(也包含有生活)

时间表来，以示自己的成功源于这样的分秒必争的勤奋："5点15分起床，3分钟洗漱完毕，温习一百个英文单词，6点半早餐（同时看完早报），6点15分开车赶往公司，1小时内批复完昨晚秘书送到办公桌上的几十份文件，9点董事会，会歇期间留5分钟会见不速之客，11点参加新产品研发会议，12点午餐……23点回家，打开电脑收发数不清的邮件，再做一个继往开来的工作计划，准备明天的会议讲话稿，凌晨2点睡觉……没有周末，尽量不休假；还没有考虑婚姻，肯定不要孩子；没空照顾老父老母，我对不起他们……"当这样的会场响起热烈而持久的掌声的时候，我就能分明地感受到"异化"的具体含义，并看到"异化"的具体形象。然而，这不就是这个时代的主流价值追求吗？这不就是多少人即便是苦水往肚子里流也绝不说半句"反抗"的主流价值观吗？

我的那位老兄继续说道：

对于中学生而言，学《变形记》应该学什么呢？从现代主义文学中，既看到科学（新的世界带来新的世界观）、市场（全球化市场）、技术（新进技术）对人性挤压异化带来的精神的无家感、无力感和无依感，以及作家作为时代精神的代言人对这一现象的深刻批判和精深描绘，是一个时代的呐喊。但也要看到，总体上，这一种精神的呐喊是"背朝未来"的。

好一句"背朝未来"。文学家很难给我们一个光明的方向，很难振臂一挥"跟我来"。但是，他们至少走在我们前边，至少给我们讲述了未来道路的泥泞坎坷甚至是陷阱悬崖。至于有没有更好的路可选，他不知道；而至于还要不要继续这样向前走，那全都随你。

作为一个思想家，卡夫卡是在超前的姿态和思考中"落后"的。他并不执着于一种崭新时代的新的生活法则的重建，而是呼吁人类在技术革新和时间现代化面前，继续保持着传统的人伦、传统的思想乃至传统的生活方式。问题是，这是一件螳臂当车的任务，没有人能够完成。但是，必须注意到，随着现代社会的到来，人类最大的冲突毕竟已经由人与自然、人与他人的冲突移向人与自己。在物质的满足甚至沉醉之中，却始终希望葆有田园牧歌式的精神生活。换句话说，一方面希望肉体生活在工业文明、信息文明的生存方式中，另一方面却希望精神生活能够在农业文明的生活方式之中怡然自得。

正因为如此，在一种传统生活方式尤其是精神皈依家园正被摧枯拉朽般摧毁坍塌之时，以清醒的态度和情感的方式让所有人都来关注并护卫这一价值的人，永远都是人类精神年轮上值得尊敬的灵魂。即便我们已经清楚地知道，孔子所维护的"郁郁乎文哉"历史上未必真有、当时也已经绝无可能，我们依然为落魄的孔子献上代代不绝的长长稽首。但作为思想家，如果有更高的标准，则是既然看到旧的时代已经不复回去，则必须以更高远的态度为人类安排未来的生存法则。

西西弗的"坚持"，《等待戈多》的"等待"，其实都在无意义中坚守意义，或者到最后，姿态（坚持和等待）本身就是意义，尤其是在一个不知道何为意义、难以分辨何为价值的时代，更是如此。一如孔子的一生，在坚持和等待中彰显了一种大义。

下课的时候，几个学生围着我说：老师，听您的意思，我们人类是正走在一条不归路上了？既然每个人都在被"异化"，且"异化"得越来越快，那我们活着还有什么意思？

这个问题问得很好。

还记得影片《泰坦尼克号》中的场景吧？当人们乘坐的巨轮眼看就要沉入海底的时候，有惊慌失措的，有听天由命的，有主动跳海的；也有临危不乱组织撤离的，也有牺牲自己将平安的机会让给他人的，也有拉着小提琴为生命的尾声唱响最后的旋律的……人类的最终灭亡，比起巨轮沉没来要必然得多得多吧。那么，当前边的悬崖离你很近很近的时候，你会是上述行动者中的哪一类？当前边的悬崖离你还很远很远的时候，你又会是上述行动者中的哪一类？

面对生存的压力，面对物质的挤压，面对环境的恶化，面对人类越来越困难的存在状态，我们就必然不能活出意义来了么？"我们走得太快了"，那么，可不可以慢一点呢？纵使不能慢下来，甚至还被要求要"更高""更快""更强"，那么，是不是可以回回头，招呼一下被你落在后边的自己的灵魂"喂，跟紧点"呢？也许它实在是跟不上了，那就停下脚步，等它一等，或是想它一想，也是好的呀。如果能带着灵魂一起走——哪怕只是带了关于灵魂的记忆一起跑，也是好的呀。比如，你拼命学数学的时候，也学点儿语文；比如，你拼命搞科研的时候，也搞点儿音乐；比如，你拼命敲打键盘的时候，也敲打敲打自己酸麻了的腿脚胳膊……

比如，格里高尔的父亲母亲妹妹，在格里高尔变成甲虫的时候，给他一个温暖的笼子，带着他一起去郊游……

"小人物"的"小日子"

——读《我的叔叔于勒》

　　我们都是"小人物",普普通通,平平凡凡,说不上卑微,更说不上伟大。我们平凡地求学,我们平凡地工作,我们平凡地生活。

　　我们都过着"小日子",我们的日子里,有上课,有考试;有伙伴,有对手;有柴米油盐,有家长里短;有喜怒哀乐,有生老病死。我们的日子里,有小小的开心,有小小的烦恼;有淡淡的失意,也有偶尔的幸福。

　　其实,我们都是这样的,每一个人,都是。

　　我们每一个人,都有费利普夫妇那样的艰辛。我们要努力地学习和工作:勤勤恳恳乃至废寝忘食地听课写作业以便获得更好的成绩考进更好的学校,甜言蜜语乃至送情送礼地讨得上司领导的欢欣和赏识,加班加点乃至拼死拼活地赚取更多的财富以改善自己的生活,证明自己的价值。我们要尽可能地节俭,我们会将一张草稿纸正面用完再用反面,先用铅笔再用钢笔,我们不敢和别人比吃比穿比名牌,我们也会去农贸市场跟小商小贩讨价还价,我们也会耐心地等到某商品打折降价才去购买。这些,我们和费利普夫妇没有任何的不同。

　　因为我们都是"小人物",我们都过着"小日子"。我们都要在自己的生存线上，挣扎出属于自己的一方空间来。

于是，我们免不了有些功利，免不了有些私心。我们免不了会像费利普夫妇那样，将遗产的份额计算得清清楚楚；免不了像他们那样，生怕被别的亲人拖累了自己的生活；免不了像他们那样，千方百计要为女儿的婚姻寻求一个富裕的归宿；免不了像他们那样，梦想着得到一个亲人的资助从此沾上别人的光。

因此，我们也会以"葡萄太酸"为借口来缓解吃不到葡萄的酸楚，就像克拉利斯夫人说"吃牡蛎会拉肚子"一样。我们也会以"近朱者赤近墨者黑"为借口亲近那些成绩好的同学而疏远那些成绩不好的同学，就像费利普夫妇望穿秋水天天翘首盼望大洋对岸发了财的于勒，之后又谈之色变唯恐避之不及地躲着眼前落魄的于勒一样。我们也会在相亲的时候向媒人打听对方的家境如何收入如何，就像那个小职员在看完了于勒的信之后，便立刻结束了犹疑终于下定了求婚的决心一样。

因为我们都是"小人物"，我们都过着"小日子"。俗话说，吃不穷，穿不穷，算计不到，才真穷。于是，我们是需要"算计"的。我们要算计哪个菜场的鸡蛋更便宜，我们要算计周末的工作是不是有加班费，我们要算计哪个亲戚比较富裕且比较大方值得交往，我们要算计前来提亲的这个男人是否有钱买房买车。

"小人物"，心里头必须有个"小算盘"；"小日子"，手里头必须赚点"小便宜"。

这些，都无可厚非。它是"小人物"的无奈，它或许还就是生活原本的琐碎的样子。或许还可以说，我们的生活，正是有了这些"鸡毛蒜皮"和"斤斤计较"，才真正有了生活的味道。要不，那些觉得"活着没啥意思"的人，大多都是挥金如土的花花公子呢？

因此，我们这些"小人物"们，就这样，不高尚地活着，有些卑微；不高雅地活着，有些世俗。然而，卑微，不等于卑鄙；世俗，不等于低俗。

我们可以像费利普夫妇那样在每个周末带领全家去海滨散步，但是，我们决不会像费利普夫妇那样，硬是要假装出一副派头和排场，来一种阿Q式的精神自慰。

我们可以像费利普夫妇那样为了买一条滚边而与商贩讨价还价，但是，我们决不会像费利普夫妇那样，在孩子施与他人小费表达同情与爱心的时候，破口大骂。

我们可以像费利普夫妇那样要求一个好吃懒做的兄弟外出谋生自食其力，我们可以像费利普夫妇那样期待一个发了财的兄弟回来救济自己，但是，我们决不会像费利普夫妇那样，拒绝接纳一个闯荡失败的兄弟回家享受一点骨肉手足之情。

我们不会，因为我们纵使只是一个"小人物"，那也说明我们首先是一个"人"。我们需要具备的一切德性中，首要的就是"人性"；我们可以抛弃的一切德性中，最不能抛弃的也是"人性"。

我们勤劳，我们善良，我们诚实，我们努力地向着自己的理想勇往直前。

我们孝敬父母老人，我们关爱兄弟姐妹，我们和同学同事友好相处，我们努力营建一个充满情谊的交际的圈子。

我们同情弱者，我们救助灾民，我们爱护地球，我们努力地使得一切生命都能得到平等的尊重。

于是，在我们"小人物"的"小日子"里——

我们家庭经济不宽裕的时候，我们的母亲不会时常用尖刻的闲话去对付他的丈夫，省吃俭用，一起努力，共同奋斗就好；

我们一家人去海滨散步的时候，不一定非要穿上一尘不染的礼服，衣冠整齐，兴高采烈地享受自然享受天伦之乐就好；

我们得知亲人发了大财，也不必将那封信拿给所有的人看，更不必立刻就计划用别人的钱去买自己的房子，放在心里头，替我们的亲人高兴一下就好；

我们不幸遇上了一个穷亲戚将要前来投靠，绝不能视而不见，躲躲掩掩，恶语相加，尽一点力所能及的接济，给一份温馨的亲情关爱就好。

叔叔于勒，我为你祝福。你流浪了大半生，终于耐得住艰难困苦努力地经营着自己的牡蛎摊子，祝福你今后的人生，少一些孤独，多一些顺利。

侄儿约瑟，我为你祝福。你避免了我在你父母面前的一场尴尬和不安，你友好地称呼我为"先生"，你给了我十个铜子儿的小费，你给了我同情与尊敬的眼神，祝福你今后的人生，多一些财富回报，少一些世态炎凉。

音 频 版 入 口

满架秋风
——读《故乡人》

汪曾祺先生的《故乡人》作为"写人记事"的佳作，被选入了某些版本的语文教材。《故乡人》因其语言亲切、题材亲切，而被老师和学生们给予了更多的关爱。笔者刚刚带领学生完成了该篇文章的阅读欣赏，我能感觉到学生对于《故乡人》一文的由衷的喜欢，乃至于他们中有的人抱着文章三遍五遍地反复读着，很多人还陪出了许多的眼泪。

我高兴于学生们对于"人事"与"人性"的关注，高兴于学生们在阅读中表现出来的良知与仁爱。然而，在交流中我发现，不仅是学生，就连同教授该文的诸多老师，对于《故乡人》的理解，却也都存在许多值得商榷的问题，以至于很多人对于文章情感的理解走向了一个一个的误区，而这又恰恰可能是偏离了作者的初衷的。

我身边的学生以及我身边的语文教师，几乎全部是"城市的"和"现代的"。90后的都市学生自不必说，做老师的也以"80后"的"年轻人"居多了。他们的生活阅历，也决定了他们的生活体验与《故乡人》中的"故乡生活"之间，是遥远的，是陌生的，是有隔阂的。他们的自身生活经验中，那样的"故乡生活"经验是空白的；并且，他们的阅读经验中，此类题材也几乎是空白，或者说是苍白的。而我们都很清楚，阅读，是要以阅读者的自身生活经验和阅读经验为前提的；换句话说，任何人的阅读，都不可能脱离自身的生活经验与阅读经验。因此，《故乡人》的阅读，决不是"都市生活"体验和"小资阅读"经验所能支持的；它也决不是和别的一些描写农村生活和小人物生活的"样板化"作品那样的"脸谱化""政治化"或是简单的"人道化""人性化"可以相提并论的。而缺乏类似生活体验的阅读者，便很容易也很正常地就会站在某些简单的角度去进行各自的阅读理解。这种阅读，难免是要曲解文本深意进而违背作者本意的。

或许是因为我的生活阅历和他们有些差别吧，自小生在农村长在农村学在农村的我，对于汪老笔下的"故乡生活"有着更能被唤起共鸣的因子。我在一遍一遍的阅读中所感受到的，和周围的读者有着本质的不同。

以下提出几个问题，和大家商榷——

一、我们究竟要对"打鱼的"一家三口的生活状态，报以怎样的情感态度？

我的几个学生在阅读交流时说道：

"湿了水的牛皮罩很沉很沉，生活，似沉甸甸的磐石，压在这一家三口，不，最后变成了一家两口的身上。"

"贫穷的印记已经在他们心中深深地烙刻，以至于他们都无力欢笑、无力埋怨，以至于无所希望，也就不用说失望了。"

"他们不逃避，默默地承受着，其实他们是在用自己的坚强，支撑着整个时代。"

"拉大船的，放鱼鹰的，和一家三口的一戳一戳形成了鲜明的对比，突出了一家三口生活的极其艰难。"

......

学生们觉得一家三口的生活是"贫穷、艰难、辛苦"的，于是，就此揣摩一家三口的心理是"麻木、忍耐、守旧"的，自然，阅读者对于一家三口的情感态度就是"同情、怜悯、悲哀"的。学生们说得很精彩，他们紧紧扣住"话越来越少""水越来越凉"等语句加以分析，以至于许多同学（包括在场的老师）都纷纷地红了眼圈噙了泪水。不过我要问的是：

——"沉默"，一定源自"生活压力"吗？多少人在生活的重压下变得絮絮叨叨满腹牢骚易怒而又暴躁啊！

——"沉默"，就是不高兴吗？就是"无所希望"吗？他们打鱼是为了"糊口"吗？你怎么想象有那么一个餐餐顿顿靠吃鱼活着的人家？

——"坚强"，我们能从哪里看出一家三口的"坚强"呢？"女承母业"就算"坚强"吗？"沉默寡言"就算"坚强"吗？"十五六岁打鱼"就算"坚强"吗？

——"拉大船"的一定很轻松吗？"放鱼鹰"的一定很惬意吗？他们不会死于风寒吗？他们一定更加富有吗？

或者再问："汪曾祺先生在晚年的时候写下这么一篇回忆故乡的文章，是要表现故乡的贫穷（还有强烈的贫富差距）、故乡人的麻木（根本不思改变），或是坚强（在命运面前决不低头）吗？"

不是的吧。《故乡人》不是《石壕吏》《故乡》，汪曾祺不是杜甫、鲁迅。

也有人说：

"他们在静水里打鱼，用最简单的工具，捕小鱼，捕乌龟，还有那一家三口无需言语的默契。他们是幸福的，快乐的。故乡的生活，有一种田园诗般的美丽。"

持这种看法的人不多，所有的，大抵是几个平日喜好田园诗词并满心浪漫的小女生和正处在恋爱季节的年轻女老师。

那我就问她："你愿意天天这样吗？"

"……"她们就不说话了。

把自己放在旁观者（风景欣赏者）的角色上，人们很容易对"艰辛"产生"艳羡"。要不，越来越多的富人总喜欢在周末假日去最原始的乡下"田园"一下啊——他为啥不永远地住下？《归去来兮辞》中写到"农人告余以春及"，大概陶公的心情和农人是大不一样的吧。

话说回来，一家三口，不贫穷？不艰辛？他们心里没有怨言？没有无奈？没有麻木？我们难道不应该寄予一些同情和怜悯？那种鱼米之乡的简简单单的打鱼场景，难道没有几分诗情画意？他们难道不会因为生活的简单而带着几分满足？

都有的吧！

我在总结学生的发言时说了这么一段话：

"卑微之人，对待自身卑微生活的卑微的酸楚和快乐。它不以赚取他人眼泪为目的，也不以使人艳羡为己任。他们只是：自己活着。"

小人物，有小人物自己的小小的艰辛的遭遇，也有自己的小小的幸福的权利。中国社会底层的劳动人民，都是这样过着自己的生活的。即便你到最穷苦的地方，你看到丘壑般的一脸愁苦的同时，你依然能发现灿烂的笑容——笑得比富人还甜还真实。

一个城市摄影家，扛着价值数十万的索尼相机，在一大片油菜花地里捕捉到了一个扶犁耕田的老农。那时，他是无论如何也无法理解老农的心理的。就像我身边的这些《故乡人》的阅读者一样，他们也无法理解"拉大船"的"小财主"、"放鱼鹰"的"小小财主"和那"一戳一戳"

的"一家三口"的生活，究竟是哪般滋味。

二、"金大力"有一个怎样的道德世界和人格世界？

乡下人得了个绰号，远不是名人取字取号那般讲究的结果。哪次在路边撒尿无意间把一只脚搭在了旁边的土疙瘩上被人看见了，从此，人们便唤他"狗撒儿"。"大力"呢？不定是哪天他和小伙伴逞强，一怒之下翻动了河边的一块捣衣石；不定是哪天某伙伴忽然莫名其妙地将他与戏里的金大力联系起来，从此，便唤他"金大力"。我们实在是不必对"金大力"的"大力"做穷根究底且非要从文中找出"大力"的证据来。

"伸手就能取风鱼咸肉、剩饭淘箩"，就一定大力？至多是个子高点。

"一天挑二十四担水"，就一定大力？农村人谁都能挑。

"一个人就能将脚手架往上提一提"，就一定大力？脚手架无非就是一块厚点儿长条形的木板。

如果这些都不算，那就该是"无形"的"大力"了——

"金大力是瓦匠头儿，他善于组织管理，有很好的组织能力和管理能力，还有很强的服务意识，且有很好的人际关系。"

没错，按照现代管理学的时髦话来说，的确如此。于是，在进一步分析金大力的"大力"之缘由时，就很自然地归结到金大力的"自我定位准确""有默默奉献的精神""大公无私不谋私利"……听起来，俨然一个"领袖人物"的风采。以至于学生们谈到金大力时，都洋溢着十分的敬仰和钦佩，觉得是自己的学习榜样，并希望自己班的班干部也能如此——那就好了。

他们对农村人太不了解！在乡下，每一个聚居地方，无论大小，都有这样一个"金大力"，也只有一个这样的"金大力"。他不是"自我修炼"

的结果，而是一方土地的需要，一种必然的产物。这个人，是全村人的"主心骨"，分田分地，婚丧嫁娶，架屋铺路，年节祭扫，乃至于哪家兄弟纠纷姒娌拌嘴，他都是人们公认的"领袖"，都听他的旨意。因他最木讷而最被人信任，因他最憨实而最能给人安全（这一点，社会学家费孝通先生曾在他的《乡土中国》里有详细的论证）。

金大力就是。没有绝活专长，没有花言巧语，甚至没有可以排在大门口以威慑他人的几个大个儿子或是几个嫁处不赖的闺女。他开个茶炉子，会点儿泥瓦活儿，再种点稻子，空的时候还会打几条鱼。他不求人，也不被人求。就是这样，一个似乎什么都有，又似乎什么都没有的人，是"领袖"的自然人选。久而久之，他也就自然了：很自然地帮人张罗盖房子，很自然地提来自家本要卖钱的水给匠人们喝，很自然地检查火星关好门窗；也很自然地断不会偷工减料，很自然地断没想过中饱私囊。

若一定要给金大力安上一个"道德崇高"或是"人格魅力"的帽子，我想，那一定是受了《感动中国》的影响，以为世间的一切"善举"，都是"三思而后行"的"心灵选择"的结果。——这未必适用于"故乡人"。

三、"钓鱼的医生"，一个何等"淡泊"的"居士"？

一个学生在演讲中说道：

"春雨秋风，瓢菜豆花。温暖，平和，淡定，从容。这是一种多么惬意、多么自然的享受。也是王淡人所追求的人生境界。不求闻达，不慕高官厚禄……"

听上去，似乎是在说"陶渊明"。

而"王淡人"是"陶渊明"吗？

王淡人钓鱼，边钓边吃。说不定，他就是饿，就是想吃，就是喜欢吃。和"风雅"无关。要不，他怎么专钓鲫鱼？

郑板桥的这副对联，是害得很多人高抬王淡人的罪魁祸首：

"一庭春雨瓢儿菜，满架秋风扁豆花。"

王淡人，连郑板桥都不是。

他的瓢儿菜是种来吃的，他的扁豆花将来结扁豆也是用来吃的。他只是喜欢这个对联——其实没有人不喜欢，只要他认识字。王淡人就是当地少数认得字的人之一，于是他喜欢上了这句对联，还唤起了识字人（很难说是读书人，更不能说是文人，因其医术是祖传而不是学院派的）内心的那点酸劲儿：那就在自家菜园里种上瓢菜扁豆吧。扁豆有，扁豆架都是现成的；瓢儿菜呢？本地人不大吃这东西，不如大白菜来得甜，那就去托朋友弄点种子来种上。当这一切都妥当之后，王淡人满足了，一种识字人心底的酸味的满足。难怪汪曾祺老先生也说他太愣：种什么不行？非要那么认真？就是这点"认真"，露出了王淡人的本性：他种瓢菜扁豆，和王维的"莲动下渔舟"不同，和陶渊明的"采菊东篱下"不同，和孟浩然的"把酒话桑麻"不同。他和生活是那么紧密，他和风雅之间的确有些矫情。

还有所谓"药费"问题。病人看着给，给什么都行；没啥给那就磕个头，实在不愿磕也没关系；你就是转身拍屁股跑人，他也决不会追出门去拽着你掏出点什么来；那个吃喝嫖赌抽的该死的汪炳差点毁了他的全部家当，王淡人也是自我安慰地说了句"我还有"。

有人便说：王淡人高尚——济世救民，不计私利，甚至可以"毁自家，纾人难"。

我倒认为有一句王淡人自己的话，可以帮助我们理解一个更真实的王淡人：

"他会死的呀。"

看来，对将死之人的恻隐之心，是"故乡人"的道德底线。这和"见死不救"的"都市邻里关系"形成鲜明的对比，更和"落井下石"的"现代竞争原则"（厚黑学）背道而驰。于是，王淡人的举动，大大地出乎了现代都市人的"可信范围"，他们因难以置信而对其倍加崇拜。

"至人无己，神人无功，圣人无名。"甚至有学生把这句话和王淡人联系在了一起。

——有这么"严重"吗？

如果我们脱离了生活环境的现实，那么，我们就很容易走向"扣帽子"的歪路上去。

文中的"王淡人"，一个以祖传医术为业的医生，他真实地生活着，钓鱼、种菜、行医、救人，也许空暇时看看书、读读对联。我们会极度地敬仰他的"精神"，大概更多的是因为我们的身边太缺乏这种真真实实的"道德"。而在王淡人的心里，或许不算得什么，或许不这样反而不舒服。因为他生活在"故乡"，生活在那个旁人能轻易被一句"他会死的呀"而说服的故乡；而不是在"现代的都市"，不是在我们需要求医托找关系塞红包的现代化名牌医院。

——包括王淡人系了四根链条泅了大水去给全村人治病。

四、"淡淡"的故乡情

以上质疑，或许会使得本文读者认为我这人有些"冷血"，有些不够意思，有些侮辱了故乡人的崇高的品格，有些亵渎了作者对于故乡人的情感——那种同情怜悯、热爱崇敬的情感。

我说恰恰不是。

我向来反对将某种情感贴上一个单纯的唯一的标签：没有哪种情感是百分百纯粹的。最真实的情感，应该是最复杂的，是最说不清道不明的，是最无法用一两顶帽子就能盖住的。比如：一个人对母亲的情感，一个游子对故乡的情感，甚或就是我们一个教师对学生的情感……都是这样。更何况是汪老笔下的那样的一个故乡，那样的一群故乡人：贫穷、艰辛、勤劳、淳朴、善良、无私……

每每读《故乡人》，我都能想起我的故乡人，甚至都能对号入座：我故乡的"打鱼的一家三口"，我故乡的"金大力"，我故乡的"钓鱼的医生"。正是这个原因——它的人物能让你觉得就在身边，它的人物能让你复杂难解，它的人物能让你感觉生活原来很幸福，所以，我才深深地喜欢：

喜欢《故乡人》，喜欢"故乡人"，喜欢所有的带着几分卑微的生活。

阅读，是一件那么主观的事情，以至于我们实在无法去寻求一个共同的感受，也没有必要。我在质疑周围人的阅读感受的同时，更想为阅读的多元化添一把火。我希望每个人都能从自己的生活体验和阅读体验出发，从那么多的名篇佳作中读出自己的人生感悟，那就是真正属于自己的感悟和收获。

倘若我们的某种生活体验或阅读经验，（哪怕部分地）能和作者的生活体验相吻合的话，那么，我们的阅读就能更加贴近作者的本意，更容易获得和作者的共鸣，也就能尽可能多地收获作品的阅读价值。

一言以蔽之，好好生活吧。

音频版入口

后　记
文章千古事

　　读书是一件幸事儿，讲书也是一件幸事儿。

　　做个语文老师，便能坐拥双幸，实在是好。

　　我教书的时候，顶不喜欢照着课本一课一课地讲过去，而是专拣我自己喜欢的和我学生喜欢的，撒了花儿地一顿猛讲。很多时候是一口气把好几篇揉起来，撑得一节课满满当当鼓鼓囊囊；也有那么几个时候是一篇课文掰开了碾碎了和稀了，老牛拉破车地一晃两周过去依旧还只是那三两段，比如本书中的这么几课。

　　千古文章，必有千古人事。

　　我不急，学生渐渐也不急。

　　本书系整理过往十几节课堂实录而成，零零散散，而一旦罗列起来，倒是别有一番趣味。

　　风流人物。无论是写人之人，还是被写之人，在雨打风吹过后，自成千古风流。读史以明智，读史以修身，这里有人、有事，有情、有智，有格、有趣，读书无非就是可以遇见那么几个人，并记住他们，"史家之绝唱"，便永远都是语文大船的压舱石。

无法完美。也无需完美，一旦完美，便成样板。千古人事，都因纷繁复杂而给了我们见仁见智的机会。庄公之"誓"，冯谖之"窟"，勾践之"和"，刘邦之"谢"，信陵君之"窃"，啊还有，康桥的"情"，滕王的"宴"，都对吗？未必。都需要对吗？也未必。丰腴秀美的维纳斯，纵使它竟成了美的飞跃，但毕竟是，一个女人没了胳膊，除了她，你愿意吗？

说到底。能够将话说进人家的心底，不是占了理，就是动了情。且可以肯定的是，从来没有纯理就能服人或是纯情就能动人的，事实上往往不是因理而共了情，就是因情而认了理儿。无论是王之师谏王，还是民之主劝民，莫有例外。

都是生活。都是人，就都是生活。宫廷皇室，书香门第，乡间野里，不管生在哪里，第一紧要的都还是一个活法。格里高尔活成了一架上了发条的机器，可他还葆有对亲情的需求和责任；于勒发财和没发财，都不大可能和兄嫂情同手足；归有光的枇杷树，亭亭如盖，而故人毕竟不在；故乡人打鱼也好，盖房也好，大水里泅着去救人也好，说不定也就是"从来便如此"而已。

是啊，纵使风流人物，也无法完美，说到底，都是生活。

语文，就是生活；或者说，生活，就是语文。这里所说的生活，指的是那种在人的自我经历中升华起来的生命状态。

阅读，是一个生命与另一个（群或类）生命的遇见。因此，阅读力的养成，一定是依赖着一个生命的养成而展开的。

语文课，尤其是一篇篇地"讲语文"的课，其实就是师生生命的对话，当然，同在对话场的，还有写文章的那个人，还有文章里写的那些人，甚至应该还有同样读过和读着这文章的所有人。总之，阅读，绝不是"划段落层次""找中心句子""看关键词语"那种仅仅发生在眼睛和文字之间的"相看两生厌"的所谓章法。生命不在场的阅读，所有文字都会被矮化，以至于有人称之为"信息"。

所以，我在之前出版过的一本书中说语文课"何止文章"，并以此作为书名，旨在表达同一个意思：文章之表，是生活；文章之里，是生命。能够让文章流传千古的，一定是同样可以跨越千古的人所共有的昂扬的生命要素：卧薪尝胆，礼贤下士，穷且益坚，发政施仁，急公好义，亭亭如盖……还有士为知己者死，还有不带走一片云彩。

我倒不相信文章能成什么经国大业，但杜甫所说"文章千古事"，我还是很以为然的。

我常常想：郑庄公和他的姜氏母亲大隧之内"如初"情景会不会很尴尬？冯谖屡屡弹铗而歌如果没有得逞会不会愤愤离去？勾践如果也放夫差一马他会不会也变成又一个夫差？刘邦明知道自己打不过项羽为什么还敢在人家请客的宴会上硬生生地逃跑？信陵君窃符救赵会不会是一己之私心血来潮且对魏国来说是误国祸民呢？在徐志摩的心里荡漾着的新娘是康桥是往事还是别有一位姑娘？维纳斯断的要不是胳膊而真的就是乳房难道就一定不会成就另一种绝世之美？究竟是怎样的唐朝盛世才能成全阎公和王勃这样一场权力输于才气的千年佳话？丘吉尔把自己关在书房里写演讲稿的那一整天他是从哪里得来那么大的自信和力量？齐宣王在听孟子长篇说教的时候是不是也像学生听我上课那样瞌睡连连？格里高尔在变成甲虫之前的日子难不成就是我们现在努力且未来想要的日子？于勒叔叔在亲情上的遭遇到底是坏在了兄弟之间还是叔嫂之间？

归妻手植枇杷的时候是不是已经就有了什么不祥的预感？汪曾祺先生笔下那些生活在乡村文明中的故乡人如今是否依然容得下一庭春雨瓢儿菜满架秋风扁豆花？

读书的时候，和讲书的时候，这些都是可以想一想的。

和读书、讲书一样，出书也是一件幸事儿；只不过是，侥幸的幸。

感谢我的学生，感谢读者朋友。